AUTOHIPNOSIS AL INSTANTE

Los Mejores Secretos de los Hipnotistas para Conseguir Riquezas, Dejar las Adicciones y Bajar de Peso Usando Hipnosis

RONALD HAMILTON

© Copyright 2022 – Ronald Hamilton - Todos los derechos reservados.

Este documento está orientado a proporcionar información exacta y confiable con respecto al tema tratado. La publicación se vende con la idea de que el editor no tiene la obligación de prestar servicios oficialmente autorizados o de otro modo calificados. Si es necesario un consejo legal o profesional, se debe consultar con un individuo practicado en la profesión.

- Tomado de una Declaración de Principios que fue aceptada y aprobada por unanimidad por un Comité del Colegio de Abogados de Estados Unidos y un Comité de Editores y Asociaciones.

De ninguna manera es legal reproducir, duplicar o transmitir cualquier parte de este documento en forma electrónica o impresa.

La grabación de esta publicación está estrictamente prohibida y no se permite el almacenamiento de este documento a menos que cuente con el permiso por escrito del editor. Todos los derechos reservados.

La información provista en este documento es considerada veraz y coherente, en el sentido de que cualquier responsabilidad, en términos de falta de atención o de otro tipo, por el uso o abuso de cualquier política, proceso o dirección contenida en el mismo, es responsabilidad absoluta y exclusiva del lector receptor. Bajo ninguna circunstancia se responsabilizará legalmente al editor por cualquier reparación, daño o pérdida monetaria como consecuencia de la información contenida en este documento, ya sea directa o indirectamente.

Los autores respectivos poseen todos los derechos de autor que no pertenecen al editor.

La información contenida en este documento se ofrece únicamente con fines informativos, y es universal como tal. La presentación de la información se realiza sin contrato y sin ningún tipo de garantía endosada.

El uso de marcas comerciales en este documento carece de consentimiento, y la publicación de la marca comercial no tiene ni el permiso ni el respaldo del propietario de la misma.

Todas las marcas comerciales dentro de este libro se usan solo para fines de aclaración y pertenecen a sus propietarios, quienes no están relacionados con este documento.

Índice

Introducción	vii
1. Hipnosis	1
2. Autohipnosis	15
3. Dormir mejor	33
4. Pérdida de peso	51
5. Dejar de fumar	65
6. Disminuir el estrés	83
7. Disminuir la ansiedad	101
8. Alcanzar el éxito	115
9. Alcanzar el amor	125
10. Mejorar la autoestima	137
11. Superar las fobias	149
Conclusión	163
Referencias	165

Introducción

La palabra hipnosis evoca imágenes de péndulos oscilantes y audiencias cloqueando como gallinas, pero la hipnosis es mucho más que un divertido truco de animador. Es una técnica médicamente reconocida que utiliza los poderes innatos de la mente para promover la mejora en todo tipo de condiciones mentales y físicas.

La hipnosis ha sido reconocida como una terapia médica válida por la Asociación Médica Estadounidense, la Asociación Psicológica Estadounidense y las Asociaciones Médicas Británicas desde la década de 1950.

Existe una gran variedad de profesionales de la salud capacitados en hipnoterapia: psicólogos, psiquiatras, consejeros de salud mental, médicos, anestesiólogos, enfermeras, dentistas y quiroprácticos. Pero un gran beneficio que obtienes con la autohipnosis es que no tienes que depender de otra persona para que te guíe hacia este poderoso estado mental.

Introducción

La hipnoterapia es adecuada para cualquiera que esté abierto y dispuesto a seguir las sugerencias de un hipnoterapeuta. Para determinar si la hipnosis es adecuada para una persona en particular, el terapeuta puede administrar una serie de pruebas de sugestionabilidad.

Sin embargo, un estudio reciente sobre métodos estandarizados para probar la sugestionabilidad mostró que estos métodos pueden ser muy subjetivos. Por lo tanto, puede ser útil mantener la mente abierta y probar el proceso por uno mismo. Si no crees abrirte a la idea de la hipnosis, probablemente no sea una técnica adecuada para ti.

En este libro revisaremos qué es la hipnosis y sus beneficios, qué es la autohipnosis y sus beneficios, y aprenderemos sobre las diversas áreas de aplicación de la hipnosis, con técnicas (tanto de autohipnosis como para la vida diaria) que te permitirán refugiarte en la autohipnosis para lograr dormir mejor, perder peso, dejar de fumar, disminuir tu estrés y ansiedad, y mucho más. En concreto, ¡para lograr tus objetivos!

Sin embargo, la autohipnosis no funciona para todos. Dicho esto, los expertos generalmente están de acuerdo en que es un enfoque de autoayuda de bajo riesgo que muchas personas encuentran beneficioso. En resumen, si lo estás considerando, ¿por qué no intentarlo? No puede doler, y muy bien podría ayudar. Simplemente no dejes que te impida buscar otros tratamientos si no te proporciona alivio. ¡Comencemos!

1

Hipnosis

La hipnosis es un auténtico proceso de terapia psicológica, aunque a menudo se malinterpreta y no se usa mucho. Sin embargo, la investigación médica sigue aclarando cómo y cuándo se puede utilizar la hipnosis como herramienta terapéutica.

La hipnosis es una opción de tratamiento que puede ayudarte a sobrellevar y tratar diferentes afecciones. Para hacer esto, un hipnotizador o hipnoterapeuta certificado te guía a un estado profundo de relajación (a veces descrito como un estado de trance). Mientras te encuentras en este estado, pueden hacerte sugerencias diseñadas para ayudarte a estar más abierto/a al cambio o a la mejora terapéutica.

Las experiencias de trance no son tan infrecuentes. Si alguna vez te distrajiste mientras mirabas una película o soñabas despierto/a, has estado en un estado de trance similar.

La verdadera hipnosis o hipnoterapia no implica balancear relojes de bolsillo y no se practica en el escenario como parte de un acto de entretenimiento.

La hipnosis es una herramienta que se puede utilizar para el tratamiento terapéutico y la hipnoterapia es el uso de esa herramienta. Dicho de otro modo, la hipnosis es a la hipnoterapia lo que los perros son a la terapia con animales.

Durante la hipnosis, un hipnotizador o hipnoterapeuta capacitado induce un estado de concentración intensa o atención enfocada. Este es un proceso guiado con señales verbales y repetición, y el estado de trance en el que ingresas puede parecer similar al sueño en muchos sentidos, pero estás completamente consciente de lo que está sucediendo.

Mientras te encuentres en este estado de trance, tu terapeuta te hará sugerencias guiadas diseñadas para ayudarte a lograr tus objetivos terapéuticos. Debido a que estás en un estado elevado de concentración, puedes tener una mayor apertura a propuestas o consejos que, en tu estado mental normal, podrías ignorar o descartar.

. . .

Cuando se complete la sesión, tu terapeuta te despertará del estado de trance o podrás abandonarlo por tu cuenta. No está claro cómo este intenso nivel de concentración interna y atención enfocada tiene el impacto que tiene.

La hipnoterapia puede colocar las semillas de diferentes pensamientos en tu mente durante el estado de trance, y pronto, esos cambios arraigarán y prosperarán. También puede despejar el camino para un procesamiento y una aceptación más profundos: en tu estado mental normal, si éste está "desordenado", es posible que tu mente no pueda absorber sugerencias y orientación.

Investigadores de Harvard estudiaron los cerebros de 57 personas durante la hipnosis guiada. Encontraron que dos áreas del cerebro que son responsables de procesar y controlar lo que sucede en tu cuerpo muestran una mayor actividad durante la hipnosis.

Del mismo modo, el área del cerebro que es responsable de tus acciones y el área que es consciente de esas acciones parecen estar desconectadas durante la hipnosis. Distintas secciones del cerebro se alteran visiblemente durante la hipnosis: las áreas más afectadas son aquellas que juegan un papel en el control de la acción y la conciencia.

· · ·

Es posible que se trate de un efecto placebo, pero la hipnosis muestra marcadas diferencias en la actividad cerebral. Esto sugiere que el cerebro reacciona a la hipnosis de una manera única, que es más fuerte que un efecto placebo.

Al igual que la hipnosis, el efecto placebo está impulsado por la sugestión.

Las conversaciones guiadas o la terapia conductual de cualquier tipo pueden tener un impacto poderoso en el comportamiento y los sentimientos. La hipnosis es solo una de esas herramientas de terapia.

Además, la hipnosis rara vez causa efectos secundarios o tiene riesgos. Siempre que la terapia sea realizada por un hipnotizador o hipnoterapeuta capacitado, puede ser una opción de terapia alternativa segura. Algunas personas pueden experimentar efectos de leves a moderados, que incluyen dolor de cabeza, somnolencia, mareo o ansiedad situacional.

Sin embargo, la hipnosis utilizada para la recuperación de la memoria es una práctica controvertida. Las personas que usan la hipnosis de esta manera tienen más probabilidades de experimentar ansiedad, angustia y otros efectos secundarios. También puede ser más probable que creen recuerdos falsos.

· · ·

Algunos médicos no están convencidos de que la hipnosis pueda usarse en salud mental o para el tratamiento del dolor físico. La investigación para respaldar el uso de la hipnosis es cada vez más fuerte, pero no todos los médicos la aceptan.

Muchas facultades de medicina no capacitan a los médicos en el uso de la hipnosis, y no todos los profesionales de la salud mental reciben capacitación durante sus años de estudios. Eso deja una gran cantidad de malentendidos sobre esta posible terapia entre los profesionales de la salud.

La hipnosis se promueve como un tratamiento para muchas condiciones o problemas. La investigación brinda algún apoyo para usar la hipnosis para algunas (pero no todas) condiciones para las que se usa.

La hipnosis se ha usado para tratar dolor, síndrome del colon irritable, trastorno de estrés postraumático e insomnio. Evidencia limitada sugiere que la hipnosis puede usarse para tratar la depresión, ansiedad, ayudar a dejar de fumar, la cicatrización de heridas posquirúrgicas y la pérdida de peso.

· · ·

Se necesita más investigación para verificar el impacto de la hipnosis en el tratamiento de estas y otras condiciones, aunque resultados preliminares han mostrado su efectividad, entendiendo que este tipo de terapia, como muchas otras, puede no ser para todo el mundo.

No puedes someterte a la hipnosis durante tu primera visita con un hipnotizador o hipnoterapeuta. En cambio, los dos pueden hablar sobre las metas que tienen y el proceso que pueden usar para ayudarte.

En una sesión de hipnosis, tu terapeuta te ayudará a relajarte en un ambiente cómodo. Te explicará el proceso y revisará tus objetivos para la sesión; luego, usarán señales verbales repetitivas para guiarte hacia un estado de trance.

Una vez que estés en un estado de trance receptivo, tu terapeuta te sugerirá que trabajes para lograr ciertas metas, te ayudará a visualizar tu futuro y te guiará para que tomes decisiones más saludables. Luego, tu terapeuta pondrá fin a tu estado de trance devolviéndote la plena conciencia.

Aunque una sesión puede ser útil para algunas personas, la mayoría de los terapeutas te dirán que comiences la terapia de hipnosis con cuatro o cinco sesiones. Después de esa fase, puedes discutir cuántas sesiones más se necesitan. También puedes hablar sobre si se necesitan sesiones de mantenimiento o reajuste.

Aunque la hipnosis se está volviendo cada vez más aceptada en las prácticas médicas tradicionales, persisten muchos mitos sobre la hipnosis. Es importante que logremos separar la realidad de las falsedades.

Todo el mundo puede ser hipnotizado

No todo el mundo puede ser hipnotizado. Un estudio sugiere que alrededor del 10 por ciento de la población es altamente hipnotizable, y aunque es posible que el resto de la población pueda ser hipnotizada, es menos probable que sean receptivos a la práctica.

Las personas no tienen el control de su cuerpo cuando están hipnotizadas

Estás absolutamente en control de tu cuerpo durante la hipnosis.

A pesar de lo que veas con la hipnosis escénica, permanecerás consciente de lo que estás haciendo y de lo que se te pide. Si no quieres hacer algo que te piden que hagas bajo hipnosis, no lo harás.

. . .

La hipnosis es lo mismo que dormir

Puede parecer que estás durmiendo, pero estás despierto/a durante la hipnosis. Simplemente estás en un estado profundamente relajado: tus músculos se aflojarán, tu frecuencia respiratoria se hará más lenta y es posible que te sientas somnoliento/a.

Las personas no pueden mentir cuando están hipnotizadas

El hipnotismo no es un suero de la verdad. Aunque tendrás una mayor apertura a las sugestiones durante el hipnotismo, aún tienes libre albedrío y juicio moral. Nadie puede obligarte a decir nada, mentir o no, decir algo que no quieras decir.

La hipnosis puede ayudarte a "descubrir" recuerdos perdidos

Aunque es posible recuperar recuerdos durante la hipnosis, es más probable que crees recuerdos falsos mientras estás en un estado de trance. Debido a esto, muchos hipnotizadores se muestran escépticos sobre el uso de la hipnosis para la recuperación de la memoria.

. . .

La hipnosis lleva los estereotipos de las representaciones teatrales, con personas representando a gallinas cacareando y a bailarines atrevidos. Sin embargo, la hipnosis es una herramienta terapéutica genuina y puede usarse como un tratamiento médico alternativo para varias condiciones. Esto incluye el insomnio, la depresión y el control del dolor.

En las películas, la hipnosis a menudo se presenta como una táctica de control, por ejemplo, para que las personas cometan delitos o se enamoren. Los hipnotizadores a menudo también son vistos como magos chiflados que ponen a las personas en el escenario y las hacen relinchar cuando escuchan la palabra "caballo".

La forma en que se muestra la hipnosis en los medios puede hacer que parezca que es solo por diversión, pero la hipnosis es más que un factor de entretenimiento. De hecho, la hipnosis puede beneficiar tu salud y bienestar.

La hipnosis generalmente incluye sugerencias para la relajación, la calma y el bienestar general, que pueden durar solo durante la sesión, pero a veces el paciente puede reactivarlas más tarde. Los enfoques comunes implican instrucciones para pensar en experiencias agradables o señales verbales para llevarlo a un estado de trance.

. . .

La hipnoterapia, que es la forma de terapia que utiliza la hipnosis como tratamiento independiente o complementario, puede beneficiar tu salud de varias maneras. Aquí hay seis problemas de salud comunes que la hipnosis puede ayudar:

Problemas para dormir, insomnio y sonambulismo

La hipnosis puede ser una herramienta útil si tienes un problema de sonambulismo o tienes dificultades para conciliar el sueño y permanecer dormido/a. Si tienes insomnio, la hipnosis puede relajarte lo suficiente como para que te duermas más fácilmente.

Si eres un/a sonámbulo/a, la hipnosis también puede entrenarte para que te despiertes cuando sientas que tus pies tocan el suelo y ayudarte a evitar aventuras de sonambulismo. Y si solo quieres dormir un poco mejor, la hipnosis también puede ayudar con eso.

Aprender técnicas de autohipnosis puede aumentar la cantidad de tiempo que duermes y la cantidad de tiempo que pasas en un sueño profundo, el tipo de sueño que necesitas para despertarte sintiéndote renovado/a.

Las señales verbales te ponen en un estado de trance, similar a como te sientes cuando estás tan involucrado/a en un libro o una película, que no te das cuenta de lo que sucede a tu alrededor. Después de la hipnosis, o incluso durante la misma, te quedarás dormido/a.

Ansiedad

Las técnicas de relajación, incluida la hipnosis, a veces pueden aliviar la ansiedad. La hipnosis tiende a ser más efectiva en personas cuya ansiedad proviene de una condición de salud crónica, como una enfermedad cardíaca, en lugar de un trastorno de ansiedad generalizada.

La hipnosis también puede ayudar si tienes problemas con una fobia, un tipo de trastorno de ansiedad en el que tienes un miedo intenso a algo que no representa una amenaza significativa.

La hipnosis funciona para ayudar a la ansiedad al alentar a tu cuerpo a activar su respuesta de relajación natural mediante el uso de una frase o señal no verbal, ralentizando la respiración, bajando la presión arterial e inculcando una sensación general de bienestar.

Síntomas del Síndrome del Intestino (colon) Irritable (SII)

. . .

La efectividad de la hipnosis en el SII ha sido consistentemente respaldada por estudios clínicos. El SII es un dolor abdominal creado por los intestinos y la hipnosis puede ayudar a mejorar los síntomas como el estreñimiento, la diarrea y la hinchazón.

A veces, el SII puede causar síntomas secundarios, como náuseas, fatiga, dolor de espalda y problemas urinarios. La hipnosis también ha demostrado ser capaz de ayudar con esto.

Esta técnica te lleva a través de una relajación progresiva, brindándote imágenes y sensaciones relajantes para combatir tus síntomas.

Dolor crónico

La hipnosis puede ayudar con el dolor, como el que se experimenta después de una cirugía o de migrañas o dolores de cabeza por tensión. Y también puede ayudar con el dolor crónico. Las personas con dolor relacionado con afecciones como la artritis, el cáncer, la enfermedad de células falciformes y la fibromialgia, así como las personas que tienen dolor en la parte baja de la espalda, pueden experimentar alivio con la hipnosis.

La hipnosis puede ayudarte a sobrellevar el dolor y obtener más autocontrol sobre tu dolor. Además, los estudios indican que la hipnosis puede hacer esto de manera efectiva durante largos periodos de tiempo.

Dejar de fumar

Dejar los cigarrillos no es fácil. Existen muchos métodos para ayudarte a dejar de fumar, como parches de nicotina o medicamentos recetados. Si bien la investigación aún no se ha realizado, muchas personas han descubierto que la hipnosis les ha ayudado a dejar el hábito de fumar.

La hipnosis para dejar de fumar funciona mejor si trabajas uno a uno con un hipnoterapeuta que pueda personalizar las sesiones de hipnosis para que coincidan con tu estilo de vida, pero para que la hipnosis funcione para dejar de fumar, debes querer realmente dejar de fumar.

La hipnosis puede funcionar de dos maneras. La primera es ayudarte a encontrar una acción de reemplazo saludable y efectiva, y luego guiar a tu subconsciente hacia ese hábito, en lugar de fumar. Esto podría ser algo como masticar un chicle o dar un paseo. El segundo es entrenar tu mente para asociar el fumar con sentimientos indeseables como un mal sabor en la boca o un mal olor del humo.

Pérdida de peso

Al igual que con dejar de fumar, aún no hay muchos estudios que puedan confirmar la eficacia de la hipnosis en la pérdida de peso, aunque algunos estudios han encontrado una pérdida de peso modesta (alrededor de 6 libras en 18 meses) a través de la hipnosis. Por lo general, es más útil cuando la hipnoterapia se usa en combinación con cambios en la dieta y el ejercicio.

Cuando estás hipnotizado/a, tu atención está muy enfocada. Esto hace que sea más probable que escuches y respondas a las sugerencias de cambios de comportamiento, como comer una dieta saludable o hacer más ejercicio, lo que podría ayudarte a perder peso.

En el cuidado de la salud, la hipnosis se puede usar como un tratamiento psicológico para ayudarte a experimentar cambios en las sensaciones, percepciones, pensamientos o comportamientos.

Se realiza en un entorno clínico y lo realiza un profesional de la salud autorizado y capacitado, como un psicólogo o un médico.

2

Autohipnosis

En el siglo XVIII, la hipnosis estaba de moda, pero la práctica se remonta más atrás de lo que muchos creen. El sueño del templo, practicado ampliamente en los primeros tiempos de Grecia y Egipto, implicaba un ritual meditativo que se decía que provocaba un sueño profundo y curativo, proporcionando precisamente a través del sueño una cura para los síntomas físicos o mentales del durmiente.

Los practicantes modernos, como Franz Mesmer, eventualmente trajeron la hipnosis a la conciencia pública. Originalmente se llamó mesmerismo, después de Mesmer (aunque él lo denominó "magnetismo animal"). Mesmer también se hipnotizó con éxito y, muy posiblemente, enseñó la autohipnosis a otras personas interesadas.

En términos básicos, la autohipnosis significa ponerse en un estado altamente concentrado y sugestionable.

. . .

Si alguna vez has probado la meditación, es posible que descubras que un estado de autohipnosis no es muy diferente.

La autohipnosis no solo te ayuda a encontrar una sensación de calma, aunque ciertamente puede ayudarte a relajarte, también puede ayudarte a abordar y cambiar hábitos no deseados y patrones de pensamiento inútiles. La práctica puede parecer un poco inverosímil, pero hay una buena cantidad de evidencia científica detrás de ella.

Varios estudios científicos sugieren que la autohipnosis puede tener algunos beneficios clave que hemos revisado, como el sueño mejorado. Según un estudio de 2020, para 90 mujeres que experimentaron trastornos del sueño posmenopáusicos, la autohipnosis se mostró prometedora como un tratamiento eficaz para el insomnio y otros problemas del sueño.

Este estudio dividió a las mujeres en cuatro grupos. Algunas se reunían en persona para sesiones de hipnosis, mientras que otras recibían llamadas telefónicas con sesiones de autohipnosis guiada. La mayoría de las mujeres informaron que la hipnosis les ayudó a dormir más tiempo. También notaron mejoras en la calidad del sueño y la disminución de sofocos, sudores nocturnos y cambios de humor.

· · ·

Como todos los grupos mostraron mejoras similares, los investigadores concluyeron que la autohipnosis era tan beneficiosa como las sesiones en persona, con las ventajas añadidas de comodidad y facilidad de acceso.

En una revisión de 2018 de 24 estudios que evaluaron el uso de la hipnosis para los problemas de sueño, el 58,3 por ciento de los estudios encontró apoyo para la hipnosis como tratamiento. Otro 12,5 por ciento reportó resultados mixtos.

No todos los estudios incluidos se centraron específicamente en la autohipnosis. Aun así, los autores de la revisión dijeron que más de la mitad de los estudios ofrecían grabaciones de audio para practicar en casa y animaban a los participantes a practicar la hipnosis por su cuenta (además, muchos expertos han señalado que toda hipnosis, en algún nivel, es autohipnosis).

Los autores de la revisión también señalaron algunas limitaciones clave, que incluyeron pequeños tamaños de muestra de estudio, baja calidad de estudio y un número relativamente pequeño de estudios que analizan grupos que experimentan problemas de sueño. Llegaron a la conclusión de que, a pesar de la necesidad de más investigación, la hipnosis se mostró prometedora en general como un tratamiento de bajo riesgo para los problemas del sueño.

. . .

Por otra parte, una revisión de 2021 consideró 11 estudios que evaluaron los beneficios potenciales de la hipnosis para perder peso. Nueve de esos estudios encontraron alguna evidencia que sugiere que la hipnosis o la autohipnosis podrían ayudar a promover la pérdida de peso.

Según los autores de la revisión, la hipnosis y la atención plena pueden ayudar a perder peso al aumentar la conciencia de los alimentos durante las comidas, promover una mayor aceptación de la imagen corporal y limitar el comer en respuesta a señales emocionales o externas.

Los autores de la revisión señalaron que la hipnosis parecía tener el mayor beneficio para la pérdida de peso cuando se combinaba con cambios en la dieta y ejercicio. Un estudio de 2018 de 120 adultos con un índice de masa corporal (IMC) entre 35 y 50 comparó los beneficios de dos programas de pérdida de peso.

Ambos grupos recibieron recomendaciones de dieta y ejercicio y consejos para comer conscientemente, seguir una dieta nutritiva y agregar actividad física a un horario diario. Un grupo también aprendió la autohipnosis.

. . .

Los investigadores alentaron a estos 60 participantes a usar la autohipnosis antes de comer para mejorar el autocontrol y romper hábitos alimenticios no deseados. Según los resultados, la autohipnosis promovió la sensación de saciedad después de comer, además de mejorar la calidad de vida y reducir la inflamación.

Estos beneficios ciertamente podrían tener un efecto indirecto en la pérdida de peso, lo que parece confirmar otro hallazgo clave del estudio: los participantes que usaron la hipnosis regularmente perdieron más peso que los que no lo hicieron.

Además, un estudio de 2016 exploró los beneficios de la hipnosis y la autohipnosis para 53 adultos mayores hospitalizados que experimentaban dolor crónico. Los investigadores dividieron a los pacientes en 2 grupos: un grupo recibió una intervención de masaje, mientras que el otro recibió 3 sesiones de hipnosis.

Los pacientes también aprendieron la autohipnosis de un médico capacitado, quien los animó a practicar la autohipnosis para aliviar el dolor por más tiempo. Los resultados sugirieron que la hipnosis tuvo más beneficios para el alivio del dolor que el masaje durante la estadía en el hospital. La hipnosis también parecía ofrecer algunos beneficios para mejorar el estado de ánimo.

. . .

Un estudio de 2014 de 100 veteranos que vivían con dolor lumbar crónico también apoyó la autohipnosis como un tratamiento beneficioso para el alivio del dolor. Los investigadores dividieron a los participantes en cuatro grupos.

Uno de los grupos contó con ocho sesiones de entrenamiento de autohipnosis; otro con ocho sesiones de entrenamiento de autohipnosis, además de grabaciones de audio para practicar en casa; otro con dos sesiones de entrenamiento de autohipnosis, además de grabaciones de audio y un recordatorio de llamada telefónica semanal y un grupo final con ocho sesiones de biofeedback.

Según los resultados, la hipnosis fue más efectiva para aliviar el dolor que la biorretroalimentación. Más de la mitad de los que estaban en los grupos de hipnosis dijeron que su dolor mejoró. Estos beneficios duraron 6 meses después del tratamiento, si no más.

Además, los hallazgos sugieren que dos sesiones de autohipnosis, cuando se combinan con la práctica en el hogar, podrían proporcionar tantos beneficios como ocho sesiones regulares de tratamiento.

Algunas investigaciones también sugieren que la autohipnosis podría tener algún beneficio para potenciar la atención plena y reducir el estrés, aliviar los sentimientos de ansiedad, aumentar la confianza en uno mismo y dejar de fumar.

Sin embargo, es importante señalar que la mayoría de los estudios existentes que examinan los beneficios potenciales de la autohipnosis tienen tamaños de muestra más pequeños, sin mencionar otras limitaciones.

Por un lado, muy poca evidencia apunta a efectos adversos de la autohipnosis. Aun así, los investigadores generalmente están de acuerdo en la necesidad de ensayos controlados aleatorios más grandes y de mejor calidad para respaldar de manera concluyente la práctica como un enfoque de tratamiento beneficioso.

Veamos una pequeña guía para practicar la autohipnosis, paso a paso:

Siéntete cómodo/a

Trata de usar ropa que te ayude a sentirte relajado/a y cómodo/a. Es posible que la ropa rígida, áspera, apretada o pesada no promueva la relajación.

Encuentra el lugar correcto

Acomódate en una habitación tranquila, donde no tengas que preocuparte de que nadie te moleste. Silencia tu teléfono y siéntate en cualquier lugar cómodo, en una posición que apoye tu espalda y no te haga sentir dolor.

Establece tu meta.

¿Qué quieres obtener de la autohipnosis? Inicia el ejercicio con un objetivo claro, ya sea mejorar la autoestima, dormir mejor o romper un hábito.

Enfoca tu mirada

Encuentra algo simple dentro de tu línea de visión para enfocarte, o crea un punto de enfoque empujando una chincheta de color en la pared o encendiendo una vela y enfocándote en la llama.

Comienza a respirar lenta y profundamente

Inhala por la nariz y exhala lentamente por la boca, dejando que tus ojos descansen en tu punto de enfoque. Continúa respirando, imaginando que con cada exhalación tus párpados se vuelven más pesados. Continúa hasta que se sientan demasiado pesados para mantenerlos abiertos.

Continúa relajándote

Con los ojos cerrados, sigue respirando lentamente, concentrándote en tu respiración para evitar que tus pensamientos divaguen. Cuando tu conciencia se desvíe de su curso, regrésala a tu respiración. Si alguna parte de tu cuerpo se siente particularmente tensa, imagina que cada exhalación se lleva la tensión.

Visualiza

Usando tus sentidos, crea un "lugar feliz" mental y pacífico. Puede rodearse de nubes de colores relajantes o imaginarse caminando por la playa, sentado en un campo de flores o mordiendo una jugosa y deliciosa rebanada de melón.

Pasa algún tiempo en tu escena visualizada

A medida que tu visualización comience a calmarte, imagina que tu cuerpo se vuelve muy pesado, tal como lo hace cuando estás a punto de quedarte dormido/a. Si te ayuda, puedes incluso imaginarte hundiéndote ligeramente en la silla o el sofá.

Afirma tu estado relajado

Intenta repetir un mantra, como "estoy tranquilo/a" o "estoy en paz".

Avanza hacia tu objetivo

Una vez que te sientas completamente tranquilo/a, utiliza la visualización para concentrarte en tu objetivo. No escatimes en detalles: haz que tu escena sea lo más vívida posible.

. . .

¿Tratando de dormir mejor? Siéntete arropado/a en la cama con tus suaves sábanas. Escucha el zumbido del ventilador mientras respiras pacíficamente en la fresca oscuridad y te dejas llevar por el sueño.

Afirma tu objetivo

Mientras te imaginas logrando tu objetivo, repítelo mentalmente, como "estoy hablando con confianza, sin sentirme nervioso/a", "estoy durmiendo tranquilamente toda la noche" o "no quiero fumar. No se me antoja un cigarrillo". Mientras repites estas palabras, dirige la compasión y el ánimo hacia ti mismo/a.

Deja que tu cuerpo vuelva a la normalidad

Después de unos 5 minutos, prepárate para salir del estado hipnótico. Imagina que cada inhalación extrae energía del mundo que te rodea, y cada exhalación la envía a fluir por tus venas. Cada respiración deja tus extremidades sintiéndose más ligeras hasta que vuelven a la normalidad.

Despierta tú mismo/a

Comienza a contar hacia atrás desde 10, diciéndote a ti mismo/a: "cuando llegue a uno, abriré los ojos, lleno/a de energía y alerta".

¿La hipnosis no te funciona del todo? También hay algunos consejos pueden marcar la diferencia. Puedes comenzar por probar la autohipnosis guiada. Los pasos anteriores ofrecen un enfoque para la autohipnosis, pero puedes alcanzar un estado hipnótico relajado usando varios métodos.

Encontrarás muchas grabaciones guiadas en YouTube, si no estás seguro /a de probar la autohipnosis por tu cuenta. Si, por otro lado, te resulta difícil relajarte, experimentar con diferentes estrategias de relajación podría ayudar.

Intenta imaginarte bajando un tramo de escaleras lentamente, inhalando y exhalando una vez por escalón. A medida que desciendes, repítete a ti mismo/a que te sentirás completamente relajado/a cuando termines las escaleras.

Si encuentras reconfortantes las imágenes del agua, podrías imaginarte nadando cada vez más profundo en un mundo submarino, dejando atrás tus tensiones en la orilla. Para finalizar el estado hipnótico, simplemente imagínate subiendo las escaleras o nadando de regreso a la orilla.

Al igual que con cualquier nueva habilidad o rutina, hacer tiempo para la práctica diaria puede aumentar tus posibilidades de notar una mejora. Incluso solo 10 o 15 minutos por día pueden ayudar. Tal vez agregues la autohipnosis a tu rutina matutina o reserves unos minutos antes de comenzar a preparar la cena.

. . .

Probablemente también encontrarás más útil la autohipnosis si crees en verdad que la práctica tiene algún beneficio. Esta confianza también puede hacer que sea más fácil mantener el hábito con el tiempo.

La hipnoterapia profesional puede ser una opción que vale la pena considerar si tienes dificultades para entrar en un estado relajado por ti mismo/a. Ten en cuenta, también, que identificar las causas subyacentes de los patrones de pensamiento o comportamientos inútiles suele ser clave para cambiar esos hábitos con éxito. Dado que un terapeuta puede ayudar con eso, podrías terminar obteniendo mucho más del tratamiento profesional.

Los beneficios de la autohipnosis son casi ilimitados. Para obtener el máximo beneficio, es importante seguir las instrucciones de autohipnosis y leer los valiosos consejos que se te presentan aquí. Los tres pasos principales para el éxito de la autohipnosis son los siguientes: un tiempo y un lugar, relajarte y dejarte llevar, y tener compromiso y motivación.

Un tiempo y un lugar

Con el estilo de vida que la mayoría de la gente vive hoy en día, lo último que algunas personas quieren hacer es reducir la velocidad. Si deseas lograr un verdadero éxito, entonces necesitarás hacer tiempo para la autohipnosis. La buena noticia es que solo estamos hablando de 20 a 25 minutos de tu día de 24 horas.

Practicar la autohipnosis por la noche es un buen momento del día y la mayoría de la gente prefiere hacerlo antes de irse a dormir. Pero practicarla por la mañana o por la tarde está igualmente bien.

Las personas tienen estilos de vida ocupados y es posible que tengan dificultades para encontrar tiempo más tarde en el día.

No te preocupes, sea cual sea la hora del día que elijas para practicar tu sesión de autohipnosis (mañana, tarde o noche), no disminuirá su eficacia. Solo averigua qué funciona mejor para ti. También es importante que solo practiques con la autohipnosis en un lugar tranquilo y seguro donde no te molesten.

Un lugar seguro es un lugar en el que te sientes cómodo/a y libre para relajar el cuerpo y la mente lejos de las distracciones cotidianas. Aunque muchas personas eligen practicar la autohipnosis en el dormitorio, las camas a menudo se asocian con el sueño.

. . .

Si descubres que te quedas dormido/a mientras tienes tu sesión, puedes llevar tu práctica en un sofá o en una silla cómoda. Es completamente tu elección. Una vez más, elige lo que funcione mejor para ti.

Una vez que hayas elegido un lugar seguro para relajarte, asegúrate de apagar cualquier posible distracción, como tu teléfono. La concentración es un factor clave para el éxito de la autohipnosis y tu enfoque puede verse fácilmente interrumpido por el ruido exterior. Entonces, si hay otras personas a tu alrededor, pídeles amablemente que te dejen en paz por un rato.

Explícales el proceso de autohipnosis si es necesario, para que entiendan por qué es importante que no te molesten.

Ten en cuenta que, debido a tu estado de sueño, la autohipnosis nunca debe intentarse mientras operas maquinaria, conduces un automóvil o cualquier otra cosa que requiera tu atención consciente.

Asegúrate de ponerte en una posición cómoda. La posición más común es acostarse boca arriba, quizás en un sillón reclinable, con la cabeza descansando suavemente sobre una almohada, con el cuerpo recto y ambos brazos descansando a los lados. Esta es, después de todo, la posición más natural para la relajación.

. . .

Por supuesto, no está escrito en piedra. Algunas personas pueden preferir sentarse en una silla cómoda o incluso acostarse en el suelo. Nuevamente, depende completamente de ti y de lo que te convenga individualmente. Experimenta si es necesario y descubre qué funciona mejor para ti.

Se recomienda que, si escucharás una sesión guiada, escuches con auriculares. Generalmente, los programas de autohipnosis se graban en estéreo, no solo por el sonido de alta calidad que producen, sino también por el elemento terapéutico.

Escuchar a través de auriculares te da la sensación de que las palabras se introducen directamente en tu mente, lo que puede ayudarte a mantener la concentración. Los auriculares no son esenciales, pero usarlos también puede ayudar a bloquear las distracciones y otros ruidos externos.

Una vez que hayas encontrado un momento y un lugar que funcione para ti, podría ser una buena idea seguir tus prácticas de autohipnosis aproximadamente a la misma hora y en el mismo lugar. Al relajarte en la misma posición, en la misma habitación y a la misma hora todos los días, ayudas a condicionar tu cuerpo a la respuesta hipnótica.

Esto actúa como un ancla para la experiencia y el estado de hipnosis será mucho más fácil de ingresar. Con el tiempo llegará de forma bastante natural y podrás relajarte en casi cualquier lugar. Al principio, sin embargo, la familiaridad sin duda puede ayudar en el proceso.

Relájate y déjate llevar

El siguiente paso para una autohipnosis exitosa es simplemente relajarte, seguir la corriente y dejar que todo suceda de forma natural. Vale la pena recordar que la hipnosis es un estado mental perfectamente natural, al igual que la sensación antes de irnos a dormir por la noche y despertarnos por la mañana.

No existe una forma correcta o incorrecta de entrar en hipnosis, pero es importante que no intentes forzar que suceda. Es un poco como tratar de conciliar el sueño: si te obligas a conciliar el sueño, no lo harás. Al igual que el sueño, la hipnosis es un proceso natural, así que déjate llevar y experiméntalo de la mejor manera para ti, dándote permiso para relajarte.

Por supuesto, dejarse llevar y relajarse puede no ser lo más fácil para algunas personas. Muchas personas dicen que tienen problemas para relajarse y temen que esto pueda afectar su capacidad para beneficiarse de la autohipnosis.

. . .

Podemos pasar tanto tiempo nerviosos que a menudo olvidamos cómo liberar las tensiones cotidianas. Pues no te preocupes, no hay mejor forma de conseguirlo que con la autohipnosis, así que relájate lo mejor que puedas y disfruta del proceso. Conforme avances en tus prácticas de autohipnosis, te prepararás para relajarte más fácil, más profundo y mejor la próxima vez.

Una mejor relajación, por supuesto, significa que te beneficias más y ocurre en parte debido a las sugestiones compuestas. Las sugestiones compuestas tienen lugar cuando se acepta una sugerencia y allana el camino para más avances.

Pero hay otro elemento en la combinación de sugestiones con autohipnosis: cuando te hayas relajado y sepas que te has relajado bien y profundamente, la próxima vez que lo hagas llegarás un poco más rápido. Una vez que te familiarices con lo que se siente, el estado de hipnosis vendrá mucho más fácilmente. Es una experiencia de aprendizaje.

Compromiso y motivación

El factor más importante para que la autohipnosis sea un éxito es tu compromiso y motivación.

Esto significa practicar regularmente, por lo tanto, es

importante tener sesiones de autohipnosis tanto como sea posible en la práctica.

Mucha gente dice que está demasiado ocupada para eso, pero para que la autohipnosis funcione, tienes que tener un cierto nivel de compromiso. Necesitas encontrar el tiempo para practicar. Si no tienes tiempo o no puedes encontrarlo, no esperes obtener los beneficios. Si deseas cambiar algo en tu vida, el primer paso es hacer tiempo para hacerlo, ¡por ti! ¡Ponte a ti mismo/a primero y haz el tiempo! Esto puede requerir esfuerzo y organización de su parte, pero recuerda, ¡tú lo vales!

Puedes adquirir el hábito de tener sesiones de autohipnosis con regularidad, al igual que el hábito de irte a dormir por la noche y despertarte por la mañana. Acostúmbrate a practicar antes de irte a dormir, o justo después de despertarte. Esta es una forma saludable de comenzar o terminar el día.

Y, como todo en la vida, cuanto más haces y quieres hacer algo, mejor lo haces. Es lo mismo con la autohipnosis. Tu éxito depende de tu compromiso contigo mismo/a y de tu voluntad de recibir los beneficios de la autohipnosis. Con un poco de esfuerzo de tu parte, puedes cosechar las recompensas.

3

Dormir mejor

SER capaz de relajarte y quedarte dormido/a es una habilidad que podemos aprender a través de la autohipnosis. Los trastornos del sueño pueden parecer insoportables a veces, lo que lleva a dar vueltas y vueltas sin fin. Y es una aflicción experimentada por muchos.

Hasta el 30% de los adultos han informado que duermen menos de siete horas por noche, que es el estándar de oro para adultos menores de 60 años. Si tienes más de 60 años, se recomiendan de siete a nueve horas. Alrededor del 70 % de los estudiantes de secundaria compartieron que tampoco duermen lo suficiente.

Pero con la práctica, la aplicación de técnicas de autohipnosis puede ayudarte a cambiar tus patrones de sueño perturbados para siempre. Puede haber muchas razones por las que no estás obteniendo un sueño constante y de calidad, y las consecuencias de la reducción del sueño pueden variar.

Las experiencias comunes de trastornos del sueño incluyen tener dificultad para conciliar el sueño, tener problemas para permanecer dormido/a, pesadillas regulares o terrores nocturnos, somnolencia diurna excesiva y mayor movimiento durante el sueño.

Los expertos definen el insomnio como la dificultad para iniciar o mantener el sueño. El insomnio agudo, o insomnio a corto plazo, puede durar solo unas pocas noches. Por otro lado, el insomnio crónico significa que tu sueño se interrumpe durante al menos tres noches por semana, durante más de tres meses.

Varios problemas de salud física y mental pueden contribuir a los trastornos del sueño, como diferentes síndromes de dolor o afecciones neurológicas. Si no tienes un problema de salud conocido que afecte tu sueño, es posible que estés experimentando lo que se conoce como insomnio primario; mientras que, si sabes que tu trastorno del sueño es un síntoma de un problema de salud mayor, se le conoce como insomnio secundario.

A veces es solo la vida lo que agrava tu sueño, en lugar de una condición de salud diagnosticada, como el estar experimentando estrés, tener un equilibrio deficiente entre el trabajo y la vida personal, trabajar por turnos o estar pasando por problemas de relación difíciles.

Las personas que experimentan trastornos del sueño generalmente comienzan autotratándose con medicamentos de venta libre y suplementos naturales, como melatonina, valeriana y triptófano. De igual manera, si recurres a un profesional de la salud para que te aconseje, es posible que un médico trate tu trastorno del sueño con una intervención farmacológica.

Sin embargo, los medicamentos para dormir, conocidos como sedantes hipnóticos o pastillas para dormir, no están exentos de riesgos. El uso a largo plazo de dichos medicamentos puede provocar una dependencia creciente, somnolencia diurna, náuseas, fatiga, confusión y problemas de memoria.

Debido a estos efectos secundarios conocidos, muchas personas prefieren tratamientos no farmacológicos, como la meditación, la hipnoterapia y los programas de higiene del sueño. La hipnosis del sueño es el uso de la hipnoterapia para tratar los problemas del sueño.

El objetivo de la hipnosis del sueño no es hacer que una persona se duerma durante la hipnosis en sí. En cambio, funciona para cambiar los pensamientos o hábitos negativos relacionados con el sueño para que una persona pueda dormir mejor una vez que se completa la hipnoterapia.

La hipnosis para dormir se puede combinar con otros tipos de tratamiento. Por ejemplo, se puede usar junto con la terapia cognitiva conductual para el insomnio (CBT-I), una forma de asesoramiento que reformula los pensamientos negativos sobre el sueño. La hipnosis del sueño también puede promover mejoras en la higiene del sueño para desarrollar rutinas más saludables relacionadas con el sueño.

La hipnoterapia implica varios pasos para preparar, llevar a cabo y finalizar el proceso. Antes de comenzar, se explica el proceso para que el paciente sepa qué esperar, tenga la oportunidad de hacer preguntas y pueda dar su consentimiento para la terapia (consentimiento informado).

La hipnosis normalmente comienza con un enfoque en una imagen o pensamiento relajante. Este paso inicial promueve la relajación que permite un nivel creciente de concentración, generalmente mediante la visualización de imágenes relajantes.

Después, se requiere trabajar bajo un foco más profundo e intenso, por lo que una vez que la persona está tranquila, las instrucciones adicionales mejoran la atención en las imágenes tranquilizadoras. Una vez que una persona está en una condición similar al trance, se ofrecen sugerencias específicas que se adaptan para abordar su problema médico o sus síntomas.

Así, en el paso final de la sesión de hipnosis, se guía al paciente para que vuelva a estar completamente despierto y alerta.

Las personas capacitadas en hipnosis clínica pueden ayudar a garantizar que cada uno de estos pasos se siga cuidadosamente.

Muchos tipos de profesionales de la salud, incluidos médicos, enfermeras, psicólogos y psiquiatras, pueden recibir capacitación y certificación para realizar hipnoterapia.

La hipnoterapia con frecuencia implica más de una sesión, pero por lo general no es necesario que se brinde de manera continua para que el paciente se beneficie. La hipnosis del sueño sigue los mismos pasos que la hipnoterapia e implica sugerencias terapéuticas dirigidas al sueño.

Por ejemplo, la hipnoterapia puede alentar a una persona a sentirse menos ansiosa por quedarse dormida o seguir un horario de sueño más constante. Los expertos recomiendan que la hipnoterapia del sueño se realice bajo la guía de un profesional de la salud capacitado: una persona con amplia capacitación puede guiar de manera más efectiva a una persona a través de cada etapa del proceso y personalizar las sugerencias para satisfacer sus necesidades.

Si bien la mayoría de los estudios se han centrado en la hipnosis en persona, existe cierta evidencia de que la autohipnosis puede ser posible mediante grabaciones de audio, libros, videos o aplicaciones para teléfonos inteligentes.

Un estudio de sobrevivientes de cáncer encontró que la mayoría de las personas podían seguir las grabaciones de audio para la hipnosis en el hogar y muchas percibieron algunos beneficios. Para algunas personas, una grabación, un video o una aplicación pueden ser más prácticos que ir al consultorio de un médico o un consejero.

En algunos casos, una persona puede realizar una sesión inicial de hipnosis con un proveedor capacitado que luego puede recomendar ejercicios de seguimiento para realizar en casa para reforzar los beneficios de la hipnoterapia.

Al fomentar la relajación y crear una oportunidad para reorientar los pensamientos y las emociones, la hipnosis puede ser una herramienta útil para mejorar el sueño de las personas con afecciones como el insomnio.

. . .

Pequeños estudios han identificado modestos beneficios del sueño de la hipnoterapia. En un estudio, la sugerencia de "dormir más profundo" durante la hipnosis provocó un aumento del sueño de ondas lentas, lo cual es importante para la recuperación física y mental.

La hipnoterapia puede reducir los síntomas de ansiedad y depresión, los cuales están fuertemente relacionados con los problemas para dormir. También se ha empleado para tratar el dolor, que también puede causar trastornos del sueño.

Si bien la hipnosis es un tratamiento prometedor, como se ha mencionado, se necesitan más estudios clínicos para establecer sus beneficios para dormir. Un análisis de la investigación existente encontró que la mayoría de los estudios informaron un mejor sueño en personas que recibieron hipnoterapia, pero se necesitarán estudios más grandes y sólidos antes de que pueda considerarse un tratamiento estándar para los problemas del sueño.

La hipnoterapia no funciona para todos. Los investigadores han encontrado que las personas tienen diferentes niveles de hipnotizabilidad. Aunque las estimaciones varían, se cree que aproximadamente el 15 % de las personas son muy receptivas a la hipnosis y alrededor de un tercio de las personas son resistentes a la hipnosis y es poco probable que se beneficien de la hipnoterapia.

Las personas restantes caen en un espectro intermedio y pueden recibir ayuda de la hipnosis. Entre estas personas, el deseo de cambio y una actitud positiva pueden aumentar la probabilidad de una hipnoterapia exitosa. Las personas en esta categoría también pueden recibir capacitación para ser más receptivas a la hipnosis.

La hipnoterapia se puede proporcionar a personas de casi cualquier edad. Se cree que los adolescentes entran más fácilmente en un estado hipnótico, pero los adultos y los ancianos también pueden ser hipnotizados.

En general, se considera que la hipnoterapia es segura cuando la realiza un profesional capacitado, pero se han descrito reacciones adversas raras. Es importante hablar con un profesional de la salud antes de iniciar la hipnosis, pues un médico o terapeuta puede discutir cualquier riesgo en la situación específica de una persona.

Por ejemplo, se puede recomendar a las personas con problemas de salud mental como el trastorno de estrés postraumático (PTSD, por sus siglas en inglés) que tengan cuidado y que solo reciban hipnoterapia de un consejero con mucha experiencia.

• • •

Es más probable que te beneficies de la hipnosis del sueño si primero hablas con tu médico. Abordar los síntomas del sueño con un médico puede ayudar a asegurarte de que no estén causados por una afección de salud subyacente o un trastorno del sueño.

Trabajar con un profesional capacitado en hipnoterapia puede ayudarte a garantizar que obtengas una atención de alta calidad que esté integrada en tu plan de tratamiento específico. Si has comenzado la hipnosis del sueño y la encuentras útil, hay algunos consejos que pueden permitirte mejorar aún más tu sueño.

En primer lugar, puede resultar útil pedir recursos de seguimiento: hablar con la persona que guió tu hipnoterapia y preguntar sobre técnicas para construir sobre tu éxito. Esto puede incluir actividades de hipnosis, incluidas grabaciones o aplicaciones, que puedes hacer en casa. También podrían ser estrategias de relajación como escuchar música relajante.

Desarrolla rutinas confiables. Los hábitos tienen una gran influencia en el comportamiento, si has notado un cambio positivo en tu rutina de sueño, asegúrate de mantenerla durante un período prolongado para que el hábito se vuelva casi automático.

• • •

También puedes programar un seguimiento: intenta controlar tu sueño nocturno y tu energía diurna, y si notas que surgen problemas, programa un seguimiento con tu médico para ver si la hipnoterapia u otro enfoque pueden ayudarte a volver a la normalidad.

Como cualquier terapia médica, la hipnosis no siempre es efectiva. Para las personas que se resisten a la hipnosis o que simplemente no la encuentran útil para dormir, existen otras formas de promover un mejor sueño.

Muchos problemas para dormir se pueden abordar mejorando la higiene del sueño. Ejemplos de mejoras en la higiene del sueño incluyen seguir el mismo horario de sueño todos los días (incluso los fines de semana), evitar el exceso de estimulación mental (incluso de dispositivos electrónicos) en el periodo previo a la hora de acostarse y reducir o eliminar la ingesta de cafeína y alcohol por la tarde y noche.

Haz que tu dormitorio sea propicio para dormir limitando el exceso de luz y sonido. Por ejemplo, las cortinas oscuras pueden mantener su dormitorio oscuro y el ruido blanco puede ayudar a ahogar los ruidos externos. Una buena higiene del sueño puede ser tan importante como la higiene física, no la subestimes.

. . .

La Academia Estadounidense de Medicina del Sueño dice que tu comportamiento, especialmente antes de acostarte, puede tener un gran impacto en tu sueño.

Tu rutina antes de apagar las luces puede promover un sueño saludable o contribuir a una larga noche de inquietud seguida de una mañana difícil.

Para mejorar la calidad de tu sueño, primero intenta mejorar tu higiene del sueño al mantener un horario constante de sueño y vigilia, idear un ritual relajante a la hora de acostarte, reducir las siestas de la tarde, hacer ejercicio regularmente, evitar las luces brillantes y apagar tu televisor o dispositivo electrónico antes de acostarte.

También puedes relajarte antes de acostarte con una actividad que encuentres relajante (como leer un libro o escuchar música suave y relajante), evitar comidas pesadas y abundantes justo antes de acostarte, evitar el alcohol, la cafeína y los cigarrillos justo antes de apagar las luces.

Estas medidas son simples y fáciles de implementar. Sin embargo, es posible que necesites un enfoque más completo si estos consejos de higiene del sueño no te ayudan. Por ejemplo, la terapia cognitiva conductual (TCC) puede ser muy eficaz para tratar los trastornos del sueño, especialmente cuando se combina con hipnosis.

. . .

Durante la hipnosis experimentas un estado de relajación profunda, atención enfocada y mayor sugestionabilidad. Esto significa que tienes una mayor recepción a las ideas; no es una forma de control mental, en cambio, es una herramienta investigada que puede ayudar a reducir tu emoción y promover la relajación.

Si has estado experimentando insomnio, la hipnosis puede usarse para ayudarte a relajarte, conciliar el sueño y permanecer dormido/a. Se puede considerar como una meditación guiada más poderosa, cuidadosamente diseñada para mejorar el sueño.

Como técnica, la hipnosis para dormir es una opción atractiva para las personas que sufren trastornos del sueño, ya que es rentable, segura y fácil de poner en práctica. El tratamiento de las dificultades para dormir con hipnosis ha sido bien investigado y la base de evidencia sobre los beneficios de incorporar la autohipnosis en su rutina nocturna está creciendo.

Un estudio completo en el *Journal of Clinical Sleep Medicine* que examinó los resultados de 24 trabajos de investigación diferentes informó que más de la mitad (58,3 %) de los estudios incluidos encontró evidencia de que la hipnosis podría beneficiar el sueño.

. . .

La investigación también destacó que hubo una baja incidencia de eventos adversos cuando la hipnosis se usa como una herramienta para tratar los trastornos del sueño. Otros estudios científicos han encontrado que mejorar el sueño a través de la hipnosis es un resultado secundario.

Por ejemplo, un estudio centrado en reducir el dolor mediante la hipnosis encontró que los participantes no solo informaron menos dolor, sino que también mejoraron su sueño al mismo tiempo.

La hipnosis puede ayudar con el insomnio (ya sea primario o secundario), así como con toda una gama de problemas de salud como el cáncer o los síntomas problemáticos de la menopausia. Esto se debe a que los trastornos del sueño y una gran cantidad de condiciones de salud pueden ir de la mano.

Investigadores de todo el mundo ya han estudiado los beneficios de la hipnosis del sueño para pacientes de esclerosis múltiple con dificultades para dormir, pacientes con síndrome de fatiga crónica con trastornos del sueño, pacientes con cáncer, pacientes con sofocos por menopausia, personas con bruxismo del sueño (rechinar los dientes), personas que experimentan trastorno de estrés postraumático (TEPT) que condujo a trastornos del sueño, pacientes con fibromialgia con dificultades para dormir, personas con problemas de espalda baja, mujeres postmenopáusicas y personas con síndrome del intestino irritable (SII).

La capacidad de concentrarse a voluntad es una habilidad invaluable y es la base para la autohipnosis del sueño. Sin embargo, ten en cuenta que *The Sleep Foundation* en los EE.UU. dice que la autohipnosis se trata de cambiar tus pensamientos negativos sobre el sueño o tus malos hábitos de sueño, en lugar de hacerte dormir durante el proceso.

En cambio, la idea es que dormirás mejor una vez que se complete la autohipnosis. Veamos ahora los pasos para lograr autohipnotizarte para mejorar el sueño.

Encuentra un lugar cómodo donde puedas relajarte
Esto puede ser en la cama justo en la que te gustaría quedarte dormido/a, o donde mejor te funcione.

Relájate mediante una inducción hipnótica
Comienza concentrándote en tu respiración. Luego, inicia una relajación muscular progresiva visualizando la tensión disolviéndose o evaporándose fuera de tu cuerpo, o tensa y relaja lentamente cada grupo muscular.

Comienza enfocando tu atención en la cabeza, los hombros y el cuello, baja a la espalda, los brazos, el estómago y el pecho, luego a las piernas y los pies. Debes comenzar a sentir una profunda y placentera sensación de relajación.

Introducir una sugerencia

Piensa en declaraciones simples pero claras sobre lo que puedes hacer de manera diferente para dormir mejor. En un estado concentrado de hipnosis, podrás prestar una atención más profunda a estas sugerencias. Puede ser lo que podrías hacer de manera diferente, como "apagaré mis dispositivos una hora antes de acostarme".

O, alternativamente, concéntrate en reaccionar de manera diferente ante situaciones desafiantes, como 'no entraré en pánico si me despierto antes que suene la alarma, me volveré a dormir'. Solo mantenlo simple.

Alternativamente, practica repetir una afirmación, como 'dormiré toda la noche y no me despertaré', o 'esta noche me dormiré fácil y rápidamente'. Todas estas son sugerencias post-hipnóticas, lo que significa que surtirán efecto después de que termines tu sesión de autohipnosis, lo que te ayudará a dormir mejor.

Regresa a tu nivel habitual de alerta

Vuélvete más alerta y consciente contando hasta cinco mientras te dices a ti mismo/a que te estás volviendo consciente de tu entorno nuevamente. Puedes omitir este paso si intentas la autohipnosis justo antes de acostarte.

Para abordar específicamente el insomnio, se pueden usar diferentes enfoques de hipnosis, como visualizar la metáfora de un pez nadando cada vez más profundo en el océano para lograr un sueño profundo y de calidad. También puedes probar una técnica de regresión de la edad como centrarte en tus recuerdos anteriores de cuando el sueño reparador te resultó fácil.

Practicar la autohipnosis es fundamental para ver resultados. Si necesitas más instrucciones, prueba las grabaciones en línea o las aplicaciones digitales de salud que te guían a través de un programa de hipnosis. Los ensayos clínicos han demostrado que ambos pueden conducir a una mejor calidad del sueño como beneficio secundario de completar las sesiones.

Si experimentas problemas de sueño prolongados, consulta con un proveedor de atención médica para asegurarte de que no tengas una afección de salud subyacente que contribuya a tu falta de sueño.

La autohipnosis se puede usar como una herramienta para ayudar con una variedad de trastornos del sueño, incluida la incapacidad para conciliar el sueño, dificultades para despertarse, insomnio y pesadillas persistentes o terrores nocturnos.

. . .

Puede ayudarte a cambiar tus comportamientos y patrones en torno al sueño. Recuerda, se necesita práctica para sentir los beneficios de la autohipnosis para dormir mejor, así que sé consistente con tus esfuerzos.

4

Pérdida de peso

La pérdida de peso saludable no es un truco de magia. Para la mayoría de las personas, perder peso requiere ejercicio regular, junto con elecciones conscientes sobre qué, cuándo y cuánto comer. Las hormonas y las condiciones de salud pueden influir en su progreso; tu mente y tus emociones también pueden desempeñar un papel importante en el proceso. Ahí es donde la hipnoterapia y la autohipnosis pueden ser útiles.

La hipnoterapia por sí sola probablemente no brinde resultados dramáticos de pérdida de peso, pero existe evidencia de que puede ayudar a modificar las creencias y las conexiones emocionales que interfieren con tu capacidad para modificar tu dieta y rutinas de ejercicio de manera efectiva.

Hay programas de pérdida de peso que te ayudan a adoptar hábitos saludables para que puedas perder peso y no recuperarlo. Cualquier programa se debe adaptar a tus características personales, objetivos y necesidades.

Algunos estudios sugieren que la autohipnosis puede ayudarte a perder algo de peso. En un estudio de 2018, los participantes en dos grupos recibieron planes de comidas y ejercicios individualizados. Uno de los grupos también recibió capacitación sobre cómo usar técnicas de autohipnosis para aumentar su sentido de autocontrol justo antes de comer.

Al final de la prueba, el grupo de autohipnosis había consumido menos calorías y había perdido más peso. También dijeron que su calidad de vida mejoró después de la intervención de hipnosis. Es importante reconocer que los participantes en este estudio trabajaron con terapeutas para aprender técnicas efectivas de hipnoterapia antes de practicarlas por su cuenta.

La hipnoterapia guiada, realizada por terapeutas capacitados y certificados, es un buen lugar para aprender técnicas que funcionan. En un pequeño estudio de 2020, los investigadores rastrearon los efectos de la hipnoterapia en 32 personas en un programa supervisado clínicamente.

Después de 10 semanas de hipnoterapia guiada, los participantes del estudio tenían un índice de masa corporal (IMC) más bajo y niveles reducidos de leptina, una hormona asociada con la obesidad, en la sangre. Además, los niveles de adiponectina, una hormona que tu cuerpo necesita para protegerte contra la obesidad y la diabetes tipo II, habían aumentado.

Muchos profesionales de la salud creen que la hipnoterapia es más efectiva cuando se combina con otras medidas efectivas para perder peso. En una revisión de 2009, los investigadores concluyeron que la hipnoterapia era más efectiva para perder peso cuando se combinaba con enfoques basados en dieta y ejercicio.

Se necesita más investigación para comprender exactamente cómo funciona la conexión mente-cuerpo en la hipnoterapia para bajar de peso. Aunque los investigadores han estudiado los efectos de la hipnoterapia en la pérdida de peso durante décadas, se sabe poco acerca de cómo la hipnosis puede cambiar tu peso.

Los expertos dicen que la hipnoterapia puede ayudar a resolver conflictos emocionales subconscientes. Se pueden abordar problemas emocionales no resueltos que impiden que las personas puedan perder peso.

Si tienes toda la información que necesitas para poder perder peso, pero sigues comiendo por emoción en lugar de por hambre, necesitas observar las emociones subyacentes que lo impulsan. Es posible que las personas que hayan experimentado traumas, abusos o caos en el pasado no sepan que sus historias personales están afectando sus intentos actuales de mantener un peso saludable.

La hipnoterapia puede ayudar a sanar el trauma para que la persona pueda continuar y liberar el peso.

También puede ayudar a corregir errores de pensamiento y creencias perjudiciales: puede ayudar a corregir conceptos erróneos culturales y creencias defectuosas que limitan la capacidad de las personas para encontrar un peso saludable.

Los ideales de cuerpo delgado incrustados en la cultura estadounidense son un excelente ejemplo. Una de las formas en que la hipnoterapia puede ayudar es desafiando las percepciones de las personas sobre cómo debe verse el cuerpo humano. Tenemos esta creencia en nuestra cultura de que el único cuerpo sano es el cuerpo delgado.

Aprender a apreciar los cambios en el cuerpo, por ejemplo, después del parto o como resultado del envejecimiento, puede ayudar a las personas a dejar de lado el estrés y el perfeccionismo en torno a los objetivos de pérdida de peso. Nuestros cuerpos nos llevan por la vida.

. . .

La hipnosis, ya sea individual o en grupo, puede ayudar a las personas a revisar otras creencias inútiles, como asociar la comida con la auto-recompensa. En lugar de usar la comida como una forma de darte un capricho después de un día difícil, por ejemplo, la hipnosis puede ayudarte a seleccionar una recompensa que no socave tus planes de alimentación saludable.

Podemos aprender a comer desde un lugar de merecimiento de buena salud: las golosinas deberían brindarte buena salud, que en realidad es lo que mereces. Puedes usar la hipnoterapia para disminuir tu deseo de alimentos poco saludables.

En el programa *Eating Well*, por ejemplo, los terapeutas usan imágenes guiadas y sesiones de hipnoterapia compartidas para reducir las opciones dietéticas que podrían frustrar su progreso de pérdida de peso.

Los estudios han demostrado que las imágenes guiadas se pueden utilizar para reducir los antojos de alimentos problemáticos. Los expertos dicen que una vez que estés entrenado/a, puedes usar imágenes guiadas e hipnoterapia para ayudarte a ti mismo/a cuando lo necesites.

Cierra tus ojos. Imagina que tus antojos de comida se van flotando, imagina un día de comer solo lo que es bueno para ti, imagina que la hipnosis realmente te ayuda a perder peso, porque la noticia es: lo hace.

. . .

La mayoría de las personas no se dan cuenta de que agregar trance a sus esfuerzos para perder peso puede ayudarles a perder más peso y no recuperarlo por más tiempo. La hipnosis es anterior al conteo de carbohidratos y calorías por algunos siglos, pero esta antigua técnica de enfoque de la atención aún no se ha adoptado de todo corazón como una estrategia efectiva para perder peso.

Hasta hace poco, ha habido escasa evidencia científica para respaldar las afirmaciones legítimas de los hipnoterapeutas respetados, y un exceso de promesas de pastel en el cielo de sus primos problemáticos, los hipnotizadores de escenario, no ha ayudado.

Incluso después de que un persuasivo re-análisis de 18 estudios hipnóticos a mediados de los noventa mostró que los clientes de psicoterapia que aprendieron la autohipnosis perdieron el doble de peso que los que no (y, en un estudio, no recuperaron el peso dos años después de que terminó el tratamiento), la hipnoterapia sigue siendo un secreto bien guardado para perder peso.

A menos que la hipnosis te haya obligado felizmente a ti o a alguien que conoces a comprar un guardarropa nuevo y más pequeño, puede ser difícil creer que este enfoque de mente sobre cuerpo podría ayudarte a controlar la alimentación. Ver es definitivamente creer.

Así que compruébalo tú mismo/a. No tienes que estar fascinado/a para aprender algunas de las lecciones invaluables que la hipnosis tiene para enseñar sobre la pérdida de peso. Los diez mini-conceptos que siguen contienen algunas de las sugerencias para cambiar la dieta que más comúnmente se reciben en hipnoterapia grupal e individual.

La respuesta está dentro
Los hipnoterapeutas creen que tienes todo lo que necesitas para tener éxito. Realmente no necesitas otra dieta relámpago o el último supresor del apetito. Adelgazar es confiar en tus habilidades innatas, como lo haces cuando andas en bicicleta.

Puede que no recuerdes lo aterrador que fue la primera vez que intentaste andar en bicicleta, pero seguiste practicando hasta que pudiste andar automáticamente, sin pensar ni esforzarte. Perder peso puede parecer similar más allá de ti, pero es solo una cuestión de encontrar el equilibrio.

Creer es ver
Las personas tienden a lograr lo que creen que pueden lograr. Eso incluso se aplica a la hipnosis. Los sujetos engañados para que creyeran que podían ser hipnotizados (por

ejemplo, cuando el hipnotizador sugirió que verían rojo, encendió el interruptor de una bombilla roja oculta) demostraron una mayor capacidad de respuesta hipnótica. La expectativa de ser ayudado/a es fundamental. Déjame sugerirte que confíes en que tu plan de pérdida de peso funciona.

Acentuar lo positivo

Las sugerencias negativas o aversivas, como "las donas te enfermarán", funcionan por un tiempo, pero si quieres un cambio duradero, querrás pensar en positivo. La sugerencia hipnótica positiva más popular fue ideada por los doctores Herbert Spiegel y David Spiegel, un equipo de hipnoterapia padre-hijo: "para mi cuerpo, demasiada comida es dañina.

Necesito mi cuerpo para vivir. Le debo respeto y protección a mi cuerpo".

Te animo entonces a que escribas tus propios mantras optimistas. Una madre de 50 años que perdió más de 50 libras repite todos los días: "la comida innecesaria es una carga para mi cuerpo. Voy a deshacerme de lo que no necesito".

Si lo imaginas, llegará

Al igual que los atletas que se preparan para la competencia, visualizar la victoria te prepara para una realidad victoriosa. Imaginar un día de alimentación saludable te ayuda a visualizar los pasos necesarios para convertirte en ese/a comedor/a saludable.

¿Demasiado difícil de imaginar? Encuentra una fotografía antigua de ti mismo/a con un peso cómodo y recuerda lo que estabas haciendo de manera diferente en ese momento; imagina resucitar esas rutinas. O visualízate recibiendo consejos de un futuro yo mayor y más sabio después de que hayas alcanzado el peso deseado.

Haz volar los antojos de comida
Los hipnoterapeutas aprovechan rutinariamente el poder de las imágenes simbólicas, invitando a los sujetos a poner los antojos de comida en nubes blancas esponjosas o en globos aerostáticos y enviarlos hacia arriba, hacia arriba y lejos.

Si los arcos dorados de McDonald's tienen el poder de alejarte de tu dieta, los hipnotizadores entienden que un contrasímbolo puede hacerte retroceder. Invita a tu mente a hojear su tarjetero de imágenes hasta que una emerja como un símbolo para expulsar los antojos.

Dos estrategias son mejores que una
Cuando se trata de perder peso y no recuperarlo, una combinación ganadora es la hipnosis y la terapia cognitivo-conductual (TCC), que ayuda a renovar los pensamientos y

comportamientos contraproducentes. Las personas que aprenden ambos pierden el doble de peso sin caer en la trampa de perder algo y recuperar más.

Ya has probado la TCC si alguna vez has llevado un diario de alimentos. Antes de que aprendas la hipnosis, realiza un seguimiento de todo lo que pasa por tu boca durante una semana o dos. Crear conciencia, todo buen hipnoterapeuta lo sabe, es un pequeño paso clave hacia un cambio duradero.

Modificar, modificar, modificar

El difunto innovador de la hipnosis Milton Erickson, MD, enfatizó la importancia de usar patrones existentes. Para alterar el patrón de pérdida-recuperación de un paciente, Erickson sugirió que primero aumentara de peso antes de perderlo, algo difícil de vender hoy en día, a menos que seas Charlize Theron. Más fácil de tragar: modifica tu antojo de calorías más alto. En lugar de una pinta de helado, ¿qué tal una taza de yogur helado?

Nos guste o no, es la supervivencia del más gordo

Ninguna sugerencia es lo suficientemente poderosa como para anular el instinto de supervivencia. Por mucho que nos guste pensar que es la supervivencia del más apto, todavía estamos programados, en caso de hambruna, para la supervivencia del más gordo.

. . .

Caso en cuestión: una entrenadora personal en una dieta de hambre que quería que le sugiriera que dejara de lado su adicción a los ositos de goma.

Traté de explicarle que su cuerpo creía que su vida dependía de los dulces masticables y que no los dejaría hasta que obtuviera suficientes calorías de alimentos más nutritivos. No, insistió, una sugerencia era todo lo que necesitaba. No me sorprendió cuando se retiró.

La práctica hace al maestro

Una clase de Pilates no produce abdominales de tabla de lavar, y una sesión de hipnosis no puede moldear tu dieta. Pero repetir en silencio una sugerencia positiva de 15 a 20 minutos al día puede transformar tu forma de comer, especialmente cuando se combina con respiraciones lentas y naturales, la piedra angular de cualquier programa de cambio de comportamiento.

Felicidades, es una recaída

Cuando los clientes se encuentran, en contra de sus intenciones más sanas, complaciéndose en exceso, los felicito. La hipnosis ve una recaída como una oportunidad, no como una parodia. Si puedes aprender de una recaída real o imaginaria (por qué sucedió, cómo manejarla de manera diferente), estarás mejor preparado/a para las tentaciones inevitables de la vida.

. . .

Las sesiones de hipnoterapia suelen durar entre 50 minutos y 2 horas. Las técnicas específicas varían de un terapeuta a otro, pero muchas sesiones comienzan con la búsqueda de una posición cómoda, ya sea sentándote o acostándote.

A continuación, se te puede pedir que cierres los ojos o que te concentres en un objeto en particular.

Luego, tu terapeuta puede guiarte a través de una serie de ejercicios de respiración profunda. Cuando hayas comenzado a relajarte, tu terapeuta puede guiarte para que visualices un lugar seguro y tranquilo, como un cuerpo de agua que disfrutes visitar.

Una vez que hayas entrado en un estado de relajación profunda, a veces llamado trance, tu terapeuta puede sugerir patrones de pensamiento o creencias saludables para reemplazar los que no funcionan para ti.

Las palabras y frases de autoafirmación también pueden ser parte de tu enfoque. Eventualmente, tu terapeuta te invitará gentilmente a reenfocar tu atención en el "aquí y ahora". Una vez que hayas aprendido el proceso, puedes usar estas técnicas de meditación por tu cuenta cuando las necesites.

De hecho, algunos terapeutas incluyen una sugerencia en su sesión de hipnosis que te permite inducir tu propio estado hipnótico en un momento posterior. Uno de los beneficios más comunes de la hipnoterapia, ya sea auto-inducida o guiada, es una sensación de relajación y calma.

La hipnoterapia reduce la cantidad de cortisol (una hormona relacionada con la respuesta al estrés) en el cuerpo. También ha sido eficaz para reducir la presión arterial. Puede traducirse en mejores marcadores de salud en todos los ámbitos.

La hipnoterapia suele ser económica y, para la mayoría de las personas, no presenta efectos secundarios negativos. Sin embargo, si tienes una condición de salud que afecta tu peso, es importante trabajar con un médico o un profesional de la salud para tratar esa condición subyacente.

La hipnoterapia se recomienda para todos, y la autohipnosis y la hipnoterapia pueden ser útiles para las personas que intentan perder peso. Se recomienda que las personas trabajen con un consejero o terapeuta que tenga licencia estatal en un campo de salud mental y que también haya sido especialmente capacitado en hipnoterapia.

Un hipnoterapeuta experimentado que se haya sometido personalmente a la hipnoterapia es una gran ventaja, pero no hay que perder de vista la importancia de encontrar un terapeuta que esté capacitado a través de un programa de hipnoterapia respetado.

La autohipnosis puede ser una forma efectiva de perder algo de peso, especialmente cuando se combina con modificaciones en la dieta y el ejercicio. La mejor manera de comenzar es trabajar con un terapeuta autorizado especialmente capacitado en hipnoterapia, para que las técnicas que aprendas tengan más probabilidades de beneficiarte. Puedes usar la hipnoterapia para ayudar a sanar los recuerdos y las emociones que sabotean tu progreso de pérdida de peso y aplicar todos los conocimientos aprendidos en este capítulo.

También puedes usar la hipnoterapia para reforzar actitudes saludables, corregir creencias culturales y personales que te frenan y reducir tu deseo de alimentos que deseas limitar o eliminar de tu dieta.

La pérdida de peso saludable es un proceso muy individual. Lo que funciona para una persona puede no funcionar para otra, y lo que funciona en un período de tu vida puede no funcionar en otro. Un terapeuta de apoyo que pueda ayudarte a relajarte y volver a aprender a través de la hipnoterapia puede mejorar tus probabilidades de éxito.

5

Dejar de fumar

¿Quieres probar la hipnosis para dejar de fumar? La ciencia demuestra que puede ser una herramienta eficaz para ayudarte a dejar el hábito para siempre. A muchas personas les resulta extremadamente difícil dejar de fumar, tan difícil, de hecho, que investigaciones recientes sugieren que puede tomar alrededor de 30 intentos el dejar de fumar con éxito.

Dejar de fumar es una de las mejores cosas que puedes hacer por tu salud. Fumar es la principal causa prevenible de muerte en los Estados Unidos; fumar puede causar cáncer en casi cualquier parte de tu cuerpo y daña casi todos tus órganos.

La hipnosis puede ayudarte a dejar de fumar abordando los aspectos psicológicos de tu adicción y analizando tus motivaciones subyacentes para fumar. Dejar de fumar puede ser difícil, pero puede mejorar tu salud y reducir el riesgo de enfermedad y muerte prematura, incluso si has fumado durante muchos años.

Más de 1,100 millones de personas fuman en todo el mundo. Si bien esto puede parecer un número sorprendentemente grande, y lo es, la cantidad de personas que fuman en realidad está disminuyendo en todo el mundo, con 29 millones de fumadores menos hoy que en el año 2000.

Fumar es increíblemente dañino. Fumar es la principal causa de cáncer en todo el mundo, es responsable del 70% de todos los casos de cáncer de pulmón e incluso se ha demostrado que acelera el envejecimiento.

El Centro para el Control y Prevención de Enfermedades de EE.UU. (CDC) estima que 1 de cada 5 muertes en los Estados Unidos cada año es causada por fumar. Esto significa que fumar causa más muertes que el VIH, el consumo de drogas ilegales, el consumo de alcohol, los accidentes automovilísticos y los incidentes relacionados con armas de fuego combinados.

Fumar se ha relacionado con el cáncer en casi todas las partes del cuerpo, incluyendo vejiga, sangre (leucemia mieloide aguda), cuello uterino, colon y recto (colorrectal), esófago, riñón y uréter, laringe, hígado, orofaringe (incluye partes de la garganta, la lengua, el paladar blando y las amígdalas), páncreas, estómago, tráquea, bronquios y pulmón.

Además, se ha demostrado que fumar aumenta el riesgo de muchas enfermedades, como la insuficiencia cardiaca, enfermedades pulmonares, infartos, cataratas y esterilidad.

Casi la mitad de todos los fumadores mueren prematuramente debido a enfermedades relacionadas con el tabaquismo, y la expectativa de vida promedio de un fumador es diez años menor que la de un no fumador.

Teniendo en cuenta las consecuencias para la salud del tabaquismo y el hecho de que aproximadamente el 70 % de los fumadores actuales quieren dejar de fumar, es posible que te preguntes por qué más personas no abandonan el hábito. Es porque, para la mayoría de las personas, dejar de fumar es increíblemente difícil.

Un estudio de 2016 mostró que incluso los expertos pueden subestimar lo difícil que es dejar de fumar. Hay fuentes que afirman que puede tomar 'varios intentos' antes de que alguien pueda dejar de fumar con éxito. Sin embargo, el estudio de 2016 sugiere que en realidad se pueden necesitar más de 30 intentos para poder pasar un año sin cigarrillos.

. . .

Dejar de fumar puede ser un desafío debido a los síntomas físicos de la abstinencia de nicotina. La nicotina es una sustancia química adictiva que se encuentra en los cigarrillos y que hace que las personas quieran fumar, incluso si han decidido dejar de fumar.

Un estudio en animales publicado *en Proceedings of the National Academy of Sciences Journal* sugiere que esto se debe a que fumar engaña más o menos al cerebro para que siga fumando.

Cuando empiezas a fumar, la nicotina puede apuntar a los receptores en uno de los sistemas de recompensa clave del cerebro, el área tegmental ventral (VTA), para estimular tanto el placer como la aversión.

En otras palabras, es posible que hayas odiado el sabor, pero aún quieras más. Si continúas fumando, tu cerebro experimenta cambios en el proceso de señalización en el sistema de recompensa del cerebro.

Como la nicotina libera dopamina (la sustancia química que te hace sentir bien) cada vez que fumas, le enseña al cerebro a repetir el mismo comportamiento. En esta etapa, ya no sientes repulsión por los cigarrillos y comienzas a anhelarlos.

. . .

Una vez que tu cerebro depende de la nicotina, se preocupa menos por perseguir las sensaciones placenteras de fumar y, en cambio, se enfoca en aliviar las "malas" sensaciones de no tener nicotina en su sistema.

Cuanto más fumas, más nicotina necesita tu cuerpo para sentirse 'normal'. Cuando tu cuerpo no recibe nicotina, puede sentirse incómodo (hacer que el simplemente existir sea muy incómodo) y tener antojo de cigarrillos.

Los síntomas de abstinencia pueden comenzar tan pronto como unas pocas horas después de tu último cigarrillo. Algunas personas sufren síntomas físicos severos de abstinencia de nicotina una vez que dejan de fumar.

Éstos incluyen antojos de nicotina, náuseas, dolor de cabeza, dolor abdominal y achaques.

La abstinencia de nicotina también puede causar problemas psicológicos y de sueño, como irritabilidad, ansiedad, depresión, dificultad para concentrarse e insomnio.

Si deseas dejar de fumar y quieres evitar algunos de los síntomas de abstinencia de la nicotina, entonces la hipnoterapia puede ser útil. Se ha demostrado que la hipnoterapia ayuda a las personas a dejar de fumar y a superar los síntomas de abstinencia de la nicotina.

· · ·

Sea cual sea tu edad, tu salud se beneficiará al dejar de fumar. Y también, cuanto antes dejes de fumar, más rápido se recuperará tu cuerpo y se reducirá el riesgo de sufrir enfermedades graves. Hay beneficios al dejar de fumar, como la reducción de la probabilidad de enfermedad o muerte prematura.

Dejar de fumar puede mejorar tu salud general, mejorar tu calidad de vida y devolverte años de vida que de otro modo podrías perder con una muerte prematura. También aporta niveles de energía más altos. Los niveles de monóxido de carbono en la sangre son más altos en las personas que fuman, lo que reduce la cantidad de oxígeno en la sangre y dificulta el funcionamiento.

Los niveles de monóxido de carbono disminuyen cuando una persona deja de fumar, lo que permite que los pulmones y los músculos funcionen normalmente. Los niveles más altos de oxígeno también benefician al cerebro, aumentando el estado de alerta.

Fumar acelera el envejecimiento de la piel. El hábito de fumar puede dejar la piel opaca, seca y propensa a las arrugas, pero dejar de fumar puede revertir estos efectos y permitir que la piel reciba los nutrientes que necesita. Con el tiempo, la apariencia de la piel también debería mejorar.

. . .

Otro beneficio es la mejor respiración. Tu capacidad pulmonar puede aumentar hasta en un 10% dentro de un año de dejar de fumar. Esto te permite realizar más tareas diarias sin quedarte sin aliento. Eventualmente, también puedes perder tu "tos de fumador", y cualquier condición respiratoria, como el asma, debería mejorar.

Y también, aunque un golpe inmediato de nicotina puede ser relajante después de la abstinencia de nicotina, se ha demostrado que fumar aumenta los niveles de estrés a largo plazo. Dejar de fumar, aunque es un desafío al principio, puede reducir los niveles de estrés con el tiempo.

Hay beneficios financieros: el costo promedio de un paquete de cigarrillos en los EE.UU. es de $6 dólares, que puede acumularse con el tiempo. Un hábito de paquete por día costará alrededor de $180 por mes o $2200 por año. Dejar de fumar podría ahorrar hasta $22,000 en diez años.

Como sabemos, la hipnoterapia combina la hipnosis con sugestiones y terapia psicológica para permitirte obtener un mayor control sobre tu mente y cuerpo. La hipnosis a menudo se describe como entrar en un estado de atención enfocado y absorto, donde te vuelves más receptivo/a a nuevas ideas.

. . .

Es un proceso natural que se siente similar a cuando estás absorto/a en una actividad, como conducir por una carretera o leer un buen libro. La hipnosis clínica se ha utilizado para tratar una variedad de condiciones médicas y es una práctica bien establecida en medicina que ha demostrado ser una solución eficaz para las personas que desean dejar de fumar.

Si bien muchos fumadores usan productos de terapia de reemplazo de nicotina, como parches, chicles o inhaladores, para controlar los síntomas físicos de abstinencia asociados con la adicción al cigarrillo, la hipnoterapia funciona rompiendo la adicción desde dentro de la mente.

En lugar de reemplazar y reducir lentamente la cantidad de sustancias químicas adictivas en tu sistema, la hipnoterapia funciona rompiendo los comportamientos negativos y los patrones de pensamiento asociados con fumar, como fumar para aliviar el estrés.

El tratamiento de hipnosis también puede dirigirse a las motivaciones inconscientes para fumar. Estos pueden incluir la necesidad de reducir el aburrimiento, el estrés, la soledad o el deseo de ser aceptado/a por los demás.

También puede apuntar a algunos de los desencadenantes inconscientes del tabaquismo, como conducir, servir una bebida o terminar una comida, y ayudar a romper estas asociaciones.

Durante la sesión de hipnoterapia, los terapeutas pueden repetir sugerencias que ofrecen comportamientos alternativos al tabaquismo. También se les puede pedir a los pacientes que imaginen los resultados desagradables del tabaquismo. Por ejemplo, el hipnoterapeuta puede sugerir que el humo del cigarrillo huele mal o que fumar provocará problemas para respirar.

Un método popular de hipnosis para fumar llamado método Spiegel se centra en tres ideas principales: 1) fumar es un veneno, 2) el cuerpo tiene derecho a la protección contra el humo y 3) hay ventajas en la vida como no fumador.

Se supone que este método funciona al actuar sobre los impulsos subyacentes de un fumador para disminuir el deseo de fumar, fortalecer su capacidad para dejar de fumar y mejorar su capacidad para concentrarse en su tratamiento al aumentar la concentración.

Aunque la ciencia no puede confirmar exactamente cómo la hipnosis ayuda a dejar de fumar en la actualidad, existen varias hipótesis para explicar por qué la hipnosis puede ser útil. En primer lugar, la hipnoterapia puede cambiar tu 'mentalidad de fumar', puede ayudarte a desarrollar una nueva mentalidad hacia el tabaquismo.

Las sugerencias del terapeuta pueden ayudarte a enfrentar y aceptar el peligro de fumar y dejar de verlo como algo que disfrutas. Las sugerencias pueden ser incómodas al principio, pero pueden ayudarte a dejar de fumar y superar los antojos.

La hipnoterapia puede ayudarte también a romper el hábito. Un aspecto clave de la hipnoterapia es dejar atrás las viejas rutinas y los hábitos desafiantes de fumar, y la hipnoterapia ayuda a romper los comportamientos negativos y los patrones de pensamiento asociados con el tabaquismo, como fumar para aliviar el estrés.

La hipnoterapia puede apoyar tus esfuerzos para dejar de fumar a largo plazo, los beneficios de la hipnoterapia se extienden más allá de la sesión en sí. A través de la hipnosis, puedes aprender a hipnotizarte a ti mismo/a (también conocida como autohipnosis), por lo que ciertas palabras o frases pueden ayudarte a superar la necesidad de fumar.

Otra investigación ha sugerido que el éxito de dejar de fumar se debe a los efectos de relajación de la hipnosis, que pueden ayudar con la abstinencia de la nicotina. Varios estudios han demostrado la eficacia de la hipnosis para tratar la adicción al tabaco, sin embargo, la investigación sobre la hipnosis para dejar de fumar es limitada, por lo que actualmente no hay suficiente evidencia para confirmar definitivamente los beneficios de la hipnosis para dejar de fumar.

Dicho esto, varios estudios en los últimos diez años han apoyado el uso de la hipnoterapia para ayudar a las personas a dejar de fumar. Éstos incluyen un ensayo controlado aleatorio de 2014 de 160 fumadores con enfermedades pulmonares graves.

Este estudio comparó la efectividad de la hipnoterapia, la terapia con nicotina o una combinación de ambos tratamientos, y encontró que quienes recibían hipnoterapia tenían más probabilidades de ser no fumadores 3 meses y 6 meses después de ser hospitalizados.

Además, un metaestudio de 2012 sugirió que la hipnoterapia puede ser efectiva para ayudar a los fumadores a dejar de fumar. Sin embargo, la revisión sugirió que se necesita más evidencia para determinar si la hipnoterapia es más efectiva que otras opciones de tratamiento.

Finalmente, un metaestudio de 2019 de 14 estudios sobre la efectividad de la hipnosis para dejar de fumar encontró que la hipnoterapia era igualmente efectiva que las intervenciones conductuales.

. . .

Si estás interesado/a en abordar tus motivaciones subyacentes para fumar o quieres pensar en tu adicción desde una perspectiva psicológica, entonces la hipnoterapia puede ser una buena opción. Hay muchos beneficios de usar la hipnoterapia como ayuda para dejar de fumar.

La hipnoterapia es excepcionalmente segura, una gran revisión de 5 estudios mostró que la hipnoterapia es una práctica segura y eficaz para muchas condiciones clínicas. Si bien la hipnoterapia es muy segura, no se recomienda para personas con síntomas psicóticos, como alucinaciones.

La hipnoterapia es menos costosa que las sesiones de terapia alternativa, pues las sesiones de hipnoterapia generalmente son menos costosas que el asesoramiento o la terapia cognitiva conductual (TCC). Además, las sesiones de hipnoterapia en el hogar, a las que se accede a través de aplicaciones en tu teléfono o medios como este libro, son menos costosas que las sesiones de hipnoterapia en persona.

La hipnoterapia cuesta menos que la terapia de reemplazo de nicotina (NRT, por sus siglas en inglés). El costo promedio de un intento de dejar de fumar con NRT es de alrededor de $185. Las investigaciones muestran que las personas hacen alrededor de 30 intentos antes de darse por vencidas, lo que significa que puede costar más de $5,500 para dejar de fumar con NRT.

. . .

La hipnoterapia generalmente cuesta entre $150 y $250 por sesión en persona, y algunas personas solo necesitan una o dos sesiones para sentir los efectos. Además, la hipnoterapia se puede combinar con otros métodos de manera segura, como la terapia de reemplazo de nicotina (chicles, parches e inhaladores) si deseas trabajar en tu comportamiento, pero también quieres dejar de depender de la nicotina física.

Dejar de fumar puede ser increíblemente desafiante.

Aunque los muchos peligros de fumar están probados por la ciencia, los cigarrillos son muy adictivos y muchas personas necesitarán más que fuerza de voluntad para dejar el hábito.

La hipnoterapia puede ayudarte a dejar de fumar como una estrategia independiente o combinada con otros métodos, como la terapia de reemplazo de nicotina. Funciona enfocándose en los desencadenantes fisiológicos y haciendo que las personas imaginen los muchos resultados desagradables asociados con fumar.

Dejar una adicción puede ser difícil, especialmente si se trata de un hábito de por vida, pero la hipnoterapia puede ayudarte a dejar de fumar para siempre. De igual manera, la autohipnosis se puede usar para ayudarte a lograr cambios positivos en tu vida, como dejar de fumar.

. . .

Escoge un lugar pacífico

Encuentra un momento y un lugar para realizar tu sesión; asegúrate de que sea un lugar tranquilo y que no te molesten. Siéntate o acuéstate y cierra los ojos. Toma tres respiraciones lentas y profundas, conteniendo la tercera respiración durante tres segundos.

Respira

Mientras exhalas, relájate y vuelve a hundirte en el asiento, concéntrate en tu respiración y deja que tus pensamientos fluyan adentro y afuera como si tu respiración estuviese unida a ti, hasta que hayas despejado tu mente.

Relájate

Ahora cuenta hacia atrás del 10 al cero, contando cada número mientras exhalas y concéntrate en un área diferente de tu cuerpo, permitiéndote relajarte. Comienza con los dedos de los pies y baja hasta la cabeza (o es posible que prefieras hacerlo desde la cabeza hasta los dedos de los pies, lo que sea que funcione para ti está bien).

En este punto, estarás relajado/a, pero para ayudar a profundizar esa relajación, imagínate en un lugar tranquilo. Me gusta usar una playa: imagina la playa con el mayor detalle posible. Si odias las playas, intenta imaginar un prado o un jardín, donde te sientas más relajado/a.

. . .

Piensa en tus sugerencias o afirmaciones

Ahora que estás en ese estado de concentración y relajación, puedes darte una sugerencia, para sentirte más seguro/a para dejar de fumar, o puedes visualizar vívidamente tu razón para dejar de fumar y sentirte más motivado/a para lograr tu objetivo. Esto es tu tiempo, así que úsalo sabiamente.

Cuando sea el momento de despertarte, simplemente cuenta desde cero hasta 10 y te encontrarás completamente despierto/a, sintiéndote renovado/a y lleno/a de energía. Si por alguna razón necesitas estar despierto/a y alerta al instante durante tu sesión, lo estarás y puedes despertarte de forma natural. ¡Eso es todo! Es así de fácil comenzar a hacer cambios positivos en tu vida.

Si tienes la tentación de fumar, trata de enviar mensajes de texto a tres amigos y oblígate a esperar sus respuestas antes de rendirte. Para cuando todos hayan respondido, la tentación habrá pasado.

También puedes decirles a tus seres queridos que vas a dejar de fumar, ya que no solo te apoyarán, sino que también te alentarán y te darán consejos para ayudarte. Además, decirle a la gente te obliga a ser honesto/a, especialmente al principio de tu viaje, porque tienes que responderle a alguien más que a ti mismo/a.

. . .

También sería recomendable tener un plan de acción. Tener un plan desde el principio significa que es más probable que tengas éxito. Es importante ser honesto/a contigo mismo/a: ¿por qué dejas de fumar? ¿Es para ahorrar dinero, mejorar tu salud o la salud de quienes te rodean, o es simplemente para ayudarte a oler mejor y verte más joven?

Cualquiera que sea tu razón, encuentra la tuya, escríbela y pégala en todos los lugares donde normalmente fumarías, para ayudarte a recordar por qué estás haciendo este cambio positivo.

Es fácil ser demasiado crítico/a contigo mismo/a cuando vuelves a caer en los viejos hábitos. Los resbalones son normales: aprende a aceptarlos y continúa tratando de dejar de fumar. Es igualmente importante darte palmaditas en la espalda cuando tengas éxito.

Planea recompensarte cuando alcances un hito en el tiempo sin fumar: después de los primeros siete días vitales, por ejemplo, que vale la pena celebrar. Hacerlo te ayudará a motivarte aún más y te brindará un refuerzo positivo.

También es recomendable que te alejes de cualquier factor desencadenante. Habrá ciertas cosas en tu rutina diaria que asociarás con fumar. Puede ser un café por la mañana, reunirte con ciertos amigos o durante tu descanso en el trabajo. Durante los primeros días, evita los factores desencadenantes o agrega nuevas cosas a tu rutina.

Puedes intentar también la terapia con popotes. Si tienes la tentación de fumar, puedes reemplazar un cigarrillo con un popote. Corta un popote normal, de plástico, y utilízalo como lo harías con un cigarrillo.

Gran parte de fumar está anclado en la acción de llevarte la mano a la boca, la sensación de algo en tus manos y el respirar profundamente. Esta 'terapia de popote' puede ayudar a engañar psicológicamente a tu cuerpo para que reemplaces con algo inofensivo esta compulsión.

Relájate. Dejar de fumar puede hacer que te sientas más estresado/a de lo normal, así que asegúrate de tomarte un tiempo extra para relajarte. Ya sea que vayas a correr, pruebes algo de yoga o hagas autohipnosis y ejercicios de respiración, es importante que te asegures de mantenerte en la cima de este juego y te mantengas motivado/a mientras renuncias.

6

Disminuir el estrés

Hay dos formas de aumentar las posibilidades de éxito de la hipnosis para el estrés: manejar las expectativas y contar con una preparación previa a la sesión. Algunas personas acuden a su tratamiento de hipnosis para el estrés con altas expectativas y nociones preconcebidas sobre lo que es la hipnoterapia. Esto puede inhibir el éxito del tratamiento.

Algunos conceptos erróneos comunes sobre la hipnosis incluyen el pensar que la hipnosis es dormir. Una persona en hipnosis no está dormida, como ya lo hemos establecido, sino que es consciente de lo que sucede durante todo el proceso. Las personas serán plenamente conscientes de lo que sucede internamente y podrán interactuar con su terapeuta cuando sea necesario.

. . .

También pueden existir reservas referentes al control y consentimiento. El terapeuta no controla a la persona en hipnosis.

Para que el proceso sea efectivo, el sujeto debe dar su consentimiento para seguir las sugerencias benignas proporcionadas por el terapeuta.

Otra duda frecuente es el cómo se sentirá la hipnosis. En términos generales, la mayoría de las personas experimentan sensaciones placenteras de relajación mental y física mientras están en hipnosis. Sin embargo, no experimentarlas no significa necesariamente que uno no haya entrado en el estado de trance. Otros signos perceptibles de estar en trance incluyen la conciencia enfocada, imágenes mentales vívidas y la capacidad de recordar claramente los recuerdos.

El hipnotizador pionero Dave Elman observó en la década de 1960 que sus pacientes alcanzarían niveles más profundos de hipnosis cuanto más la experimentaran. Muchos terapeutas de hoy en día brindan a las personas "entrenamiento" en hipnosis antes de la sesión.

Esto puede ser en forma de guiones escritos que se pueden leer en voz alta o grabaciones de inducciones hipnóticas que se pueden escuchar antes de la sesión real. En este contexto, puede ser muy útil ver la hipnosis como una habilidad que se puede aprender en lugar de un tratamiento que se te hace a ti.

Con su énfasis en la relajación física y mental, la hipnoterapia puede ser una forma muy eficaz de controlar los síntomas del estrés mientras desarrollas buenos hábitos de cuidado personal que promueven la salud y el bienestar. El estrés es una parte normal de la vida cotidiana que todo el mundo experimenta. Sin embargo, el estrés crónico puede afectar severamente la calidad de vida de una persona.

Se ha demostrado que el estrés no controlado contribuye a varios problemas de salud mental y física, que incluyen alta presión sanguínea, enfermedad del corazón, depresión, ansiedad, problemas de sueño y efectos secundarios sexuales. El estrés crónico también puede ser la causa subyacente de las migrañas y puede exacerbar las condiciones existentes, como la fibromialgia.

Las técnicas hipnoterapéuticas para trabajar con el estrés incluyen, en principio, la relajación. Para lograr la relajación suficiente para entrar en el estado de trance hipnótico, el terapeuta guiará a la persona a través de una atención progresiva a cada parte del cuerpo.

A través de la atención plena, la conciencia enfocada y las sugerencias relajantes, una persona puede liberar la tensión y el estrés. Una vez que se logra la relajación física, la relajación mental llega más fácilmente. A través de este proceso, los síntomas de estrés a menudo se reducen en gran medida, lo que permite comenzar cualquier trabajo terapéutico.

A menudo, el estrés es causado o exacerbado por pensamientos obsesivos y temerosos sobre el futuro. Esto puede tomar la forma de catastrofismo, filtrado de información y magnificación.

Mientras está en estado de trance, el terapeuta guiará a la persona a través de un proceso de dimensionamiento correcto de sus miedos y preocupaciones para reflejar mejor la realidad de su situación.

A esto le sigue el reencuadre. Esta técnica se basa en el uso de la imaginación y las imágenes guiadas. En el estado onírico de la hipnosis, una persona se imagina a sí misma experimentando situaciones que desencadenan sentimientos estresantes.

Luego, pueden aportar nuevos recursos, perspectivas y actitudes a esas situaciones, lo que les permite practicar respuestas más saludables.

. . .

Además de todas estas técnicas, muchos hipnoterapeutas sugerirán varias herramientas de autocontrol para lidiar con el estrés que pueda surgir en el futuro. Estos pueden incluir instrucciones para la autohipnosis, ejercicios de respiración profunda y meditaciones de relajación autoguiadas.

Un curso típico de tratamiento de hipnosis para el estrés incluirá una evaluación inicial, varias sesiones de hipnosis y algún tipo de seguimiento y apoyo. Durante la evaluación inicial, se le puede preguntar a una persona sobre su experiencia pasada y actual.

Como el estrés crónico puede ser un problema médico y de salud mental grave, es probable que un terapeuta te pregunte sobre tratamientos pasados o actuales para poder coordinarse con otros proveedores según sea necesario.

Algunas otras áreas que pueden explorarse antes de que comience el tratamiento incluyen el identificar qué desencadena las respuestas de estrés en la mente y el cuerpo, y observar claramente todos los síntomas físicos y emocionales que indican el estrés que se avecina. Estos pueden incluir imágenes mentales, diálogo interno, pensamientos en bucle y sensaciones físicas.

También se suele aclarar el resultado deseado por la persona del tratamiento. Por ejemplo, sentirse relajado, en paz y a gusto durante situaciones que solían desencadenar estrés. Usando toda esta información, la persona trabajará con el terapeuta para crear sugestiones hipnóticas y un plan de tratamiento que apoye mejor el alivio del estrés.

A esto le siguen las sesiones de hipnosis reales. El número de sesiones necesarias variará de persona a persona. Algunas personas experimentan resultados satisfactorios después de una o dos sesiones, mientras que otras se benefician de un programa de tratamiento más prolongado.

Durante la primera sesión, el terapeuta inducirá el trance hipnótico, guiando a la persona a un estado de relajación profunda y conciencia enfocada. Además de las estrategias mencionadas anteriormente, un terapeuta puede emplear varias técnicas para aliviar los síntomas y abordar las causas subyacentes del estrés y la ansiedad.

Por ejemplo, se pueden utilizar sugerencias hipnóticas para el estrés. Mientras está en hipnosis, una persona está más dispuesta a aceptar e implementar sugerencias positivas. Estas son más efectivas cuando se pronuncian en tiempo presente, por ejemplo, si una persona se siente estresada mientras vuela, una sugerencia efectiva puede ser: "siempre que me siento en un avión, recuerdo respirar y relajarme".

La clave de las sugestiones post hipnóticas es que son creíbles y ofrecen respuestas alternativas deseables a la causa de los sentimientos estresantes.

Otra técnica es el anclaje para reducir el estrés. Normalmente, una persona experimenta el estado problemático (estrés) sintiendo que está a merced de lo que sea que lo haya desencadenado. El anclaje es una técnica que enseña efectivamente a una persona cómo crear sus propios desencadenantes positivos para obtener resultados más deseables.

Mientras está en trance, una persona será guiada a un estado en el que se sienta relajada, segura y cómoda. Luego se le indicará que cree un "ancla" a esos sentimientos. Esto puede ser una frase, un lugar específico o un gesto físico como presionar el pulgar y el índice juntos.

A través de la asociación física y mental, las personas pueden entrar en el estado deseado siempre que el ancla elegida se active en el futuro.

Una técnica más es la regresión de memoria para el estrés. A veces, el estrés crónico tiene su origen en los recuerdos de eventos pasados. En hipnosis es posible revisitar esos recuerdos con mejores recursos, por ejemplo, una persona que está ansiosa o tiene fobia a los perros puede recordar que un perro la mordió cuando era niña.

En el estado de trance, pueden volver a experimentar el evento con el pleno conocimiento de que sobrevivieron, que ahora son más capaces de protegerse a sí mismos como adultos y que no todos los perros son una amenaza.

Se ha demostrado que la hipnosis por sí sola y como complemento de otros tratamientos ayuda a reducir los síntomas de estrés y ansiedad. Se han realizado muchas investigaciones sobre la eficacia de la hipnosis y la hipnoterapia para tratar el estrés crónico y los trastornos relacionados.

Los hallazgos clave sobre la efectividad de la hipnosis para el estrés se basan, por ejemplo, en un análisis de 2018 que revisó los hallazgos de casi 400 registros, 15 estudios y 17 ensayos de hipnosis para controlar los síntomas de la ansiedad.

Llegaron a la conclusión de que la hipnosis era más eficaz en el tratamiento de la ansiedad que otros métodos por sí solos. Al final del tratamiento, el participante promedio en los 17 ensayos informó una ansiedad más reducida que el 79% de los grupos de control.

A los pacientes con trastorno de estrés agudo se les ofreció terapia cognitiva conductual (TCC) o una combinación de TCC e hipnosis. El grupo que recibió tratamiento de hipnosis informó una mayor reducción en la re-experimentación de los síntomas después del tratamiento que aquellos que recibieron TCC sola.

Una encuesta de literatura experimental sobre autohipnosis concluyó que la autohipnosis es una alternativa rápida, rentable, no adictiva y segura a la medicación para el tratamiento de afecciones relacionadas con la ansiedad.

En un reciente estudio prospectivo de factibilidad de un solo brazo, los participantes adultos sanos con niveles de estrés aumentados autoevaluados recibieron 5 sesiones semanales de hipnosis grupal más grabaciones de audio. Los participantes informaron reducciones significativas en los síntomas de estrés al final del tratamiento.

La hipnoterapia es cada vez más popular y ampliamente aceptada. Como resultado, el consumidor tiene más opciones disponibles que nunca. Se pueden obtener más conocimientos sobre la hipnosis leyendo artículos y libros, viendo videos de YouTube y escuchando podcasts.

Un poco de conocimiento es muy útil cuando se trata de tomar decisiones sobre tu salud y bienestar. De igual manera, muchos hipnoterapeutas ofrecen consultas iniciales gratuitas. Puedes aprovechar esto para conocer personalmente a varios terapeutas diferentes y comparar sus servicios.

También puedes "obtener la vibra" de la persona a través de su conversación. Pregúntate si te sientes cómodo/a compartiendo tus problemas con ellos, si parecen sentir empatía por ti y sientes que tienes una buena relación con ellos.

Si estás pensando en una terapia personal, realiza entrevistas. Dado que estás a punto de contratar a una persona para realizar un servicio valioso, trata tu consulta inicial como una entrevista de trabajo.

Pregúntales sobre su experiencia ayudando a personas con estrés. ¿Qué tipo de éxito han tenido con otros clientes con problemas relacionados con el estrés? ¿Ofrecen algún apoyo adicional antes y después de tus sesiones? ¿Con qué tipo de clientes y problemas les gustaría trabajar más?

También hay varias organizaciones profesionales que mantienen directorios de hipnotizadores e hipnoterapeutas en diversas áreas. Algunos respetados incluyen el Gremio Nacional de Hipnotizadores, la Sociedad Americana de Hipnosis Clínica y la Asociación Nacional de Hipnoterapeutas Transpersonales.

. . .

Al igual que con cualquier tipo de tratamiento, existen ventajas y desventajas de seguir la hipnosis como una forma de tratar el estrés. Es importante sopesar y comprender los pros y los contras antes de comenzar el tratamiento.

Las ventajas de la hipnosis para el estrés incluyen que es una opción completamente natural. La hipnosis es un estado natural de relajación mental y física que no depende de tratamientos farmacéuticos. Los medicamentos para el estrés y la ansiedad pueden causar efectos secundarios desagradables e incluso graves, como trastornos del sueño, efectos secundarios sexuales y dependencia.

Las personas a menudo pueden encontrar un alivio inmediato de los síntomas del estrés cuando reciben tratamiento de hipnosis. Al calmar y relajar el cuerpo y la mente, los sentimientos de estrés desaparecen naturalmente. Incluso si regresan después de una sesión, pueden tratarse nuevamente según sea necesario con técnicas hipnóticas como respiración enfocada, relajación progresiva y anclaje.

También se pueden resolver problemas subyacentes. Como se mencionó anteriormente, el estrés puede tener raíces en experiencias pasadas, estas experiencias pueden ser traumas mayores o menores por accidentes, lesiones o incluso abuso.

. . .

Dependiendo del problema, la hipnosis sola o como complemento de otros tratamientos puede ayudar a la persona a encontrar una solución psicológica para las causas subyacentes del estrés, dando resultados de manera integral.

Los contras de la hipnoterapia para el estrés incluyen el hecho de que los resultados varían. Como con cualquier tratamiento, no todos experimentarán los mismos resultados.

Aunque el enfoque centrado en la persona de la hipnoterapia puede ser una gran ventaja para muchas personas, significa que a veces el tratamiento será más o menos efectivo.

Como resultado, una persona puede tener que buscar a más de un hipnoterapeuta si no está satisfecha con el resultado inicial.

Esto se relaciona también a que en este tipo de terapia no hay estándares universales.

No existe un conjunto de normas que rijan la profesión de la hipnoterapia. Como resultado, los servicios y tratamientos que brindan los hipnotizadores pueden variar. No obstante, la mayoría de los profesionales se adhieren a algún tipo de normas éticas y profesionales. Debes asegurarte de que tu hipnoterapeuta pertenezca a una organización comercial acreditada, como el Sindicato Nacional de Hipnotizadores.

Otra desventaja es que este tipo de terapia a menudo no está cubierta por el seguro. Muchas compañías de seguros no cubren el tratamiento de hipnosis, lo que puede resultar en gastos no contemplados. Puedes consultar con tu compañía de seguros antes de comprometerte con la hipnoterapia como tratamiento para el estrés (si decides tomarla con un terapeuta).

Sin embargo, además de encontrar un terapeuta, existen muchas técnicas en el hogar que uno puede usar para aliviar el estrés en el hogar, que incluyen, por ejemplo, hacer ejercicio regularmente o practicar la atención plena.

La actividad física regular puede ayudar a reducir los síntomas del estrés. Haz del ejercicio una prioridad en tu horario diario. Incluso las sesiones cortas de ejercicio pueden ser beneficiosas si se realizan con regularidad.

Debido a que el estrés a menudo se manifiesta como síntomas físicos, puede ser muy útil desarrollar una conciencia más afinada del cuerpo. Esto se puede hacer practicando regularmente la atención plena, incluida la técnica de relajación progresiva a continuación. Con el tiempo, dará como resultado una mayor capacidad para reconocer el estrés tan pronto como comience a surgir.

Entonces es posible tratar sus síntomas antes de que se intensifiquen.

La mayoría de los hipnoterapeutas incorporan algún tipo de relajación corporal progresiva en una sesión de hipnosis. Esta técnica de atención plena es fácil de aprender y aplicar en casa. Simplemente encuentra un espacio tranquilo, cierra los ojos y dirige tu atención a cada parte del cuerpo desde la parte superior de la cabeza hasta los pies. Dedica algún tiempo a darte cuenta de dónde hay tensión o estrés y haz todo lo posible para dejarte llevar y relajarte.

La hipnosis es quizás una de las herramientas terapéuticas menos comprendidas en uso. Si bien la mayoría de la gente piensa en la hipnosis como una forma de hacer que alguien ladre como un perro con un chasquido de dedos o se quite la ropa cuando dices la palabra "estupendo", la hipnosis puede ser una herramienta valiosa para ayudar a las personas a superar sus miedos, resistir dolor, o mejorar su capacidad para manejar el estrés en sus vidas.

Ya sabes que contrariamente a la creencia popular, nadie puede hipnotizarte sin tu consentimiento o conocimiento. Sin embargo, puedes ser hipnotizado/a por un profesional capacitado en quien confíes para lograr más fácilmente las metas que te propongas. Aún mejor, puedes ahorrar tiempo y dinero y aprender a hipnotizarte usando tu propia voz o incluso solo tus pensamientos, una práctica conocida como autohipnosis.

· · ·

Con entrenamiento y práctica, prácticamente cualquier persona puede usar la hipnosis con cierto grado de éxito y experimentar los muchos beneficios que esta técnica tiene para ofrecer. Esta es una ruta a menudo pasada por alto, pero maravillosamente efectiva para aliviar el estrés.

Curiosamente, los hipnoterapeutas capacitados a menudo dicen que toda la hipnosis es autohipnosis, lo que significa que el sujeto es realmente el practicante. La autohipnosis es similar a las imágenes guiadas, una técnica de terapia cognitiva conductual (TCC), combinada con afirmaciones positivas.

Cuando encuentres que tu salud mental está siendo atacada por el estrés, prueba estos sencillos pasos para la autohipnosis que reduce sus efectos.

Ponte cómodo/a

Siéntate cómodamente en un lugar tranquilo. Debes saber que puedes usar la autohipnosis en cualquier lugar, pero un entorno libre de distracciones ciertamente ayuda con el enfoque, especialmente si eres nuevo/a en la práctica.

Relájate

Por unos momentos, respira profunda, rítmica y lentamente. Es posible que desees inhalar y exhalar contando hasta cuatro. O inhala, sostén por un momento y suelta para una exhalación más larga. Encuentra lo que te resulte más relajante. Si aún no lo has hecho, cierra los ojos.

Imagínate en un lugar que te brinde comodidad y paz. No tiene que ser ningún lugar en el que hayas estado, ni siquiera una ubicación real. Podrías estar montando un unicornio en Júpiter si te tranquiliza.

También puedes elegir un lugar más cotidiano, como tu bañera, tu recámara o la playa. Incluso puedes volver a un recuerdo feliz. Simplemente aísla un ambiente agradable donde te gustaría pasar algún tiempo.

Conecta con tu entorno pacífico

Involucra todos tus sentidos para conectarte a tierra en tu nuevo entorno mental. Huele el pastel de manzana de la receta familiar de tu abuela, si has elegido volver a un recuerdo de la infancia. Siente la brisa del mar en tu rostro y la arena entre los dedos de tus pies mientras te visualizas recostado/a en la playa.

Observa el parpadeo de la luz de las velas desde tu punto de vista en un relajante baño de burbujas.

Elige tu intención o sugestión

Elige una afirmación que sientas que necesitas en este

momento. Una afirmación puede adaptarse a los detalles de cualquier situación o puede ser tan simple como unas pocas palabras, repetirte "estoy a salvo" o "soy fuerte". Si te estresan los posibles peligros de viajar en aviones, por ejemplo, puedes optar por un mantra que te recuerde que los viajes aéreos son temporales, como "volveré a casa pronto".

Reproduce las palabras de tu afirmación en tu mente una y otra vez, permitiendo que se hundan profundamente. Enfoca tu atención en creerles. Permanece en este estado meditativo tanto como quieras o mientras el tiempo te lo permita.

Sin costo, sin efectos secundarios y disponible en cualquier momento, la autohipnosis es un remedio para combatir el estrés que ciertamente no está de más probar.

7

Disminuir la ansiedad

La hipnosis es una técnica que los practicantes han utilizado durante siglos para tratar diversas afecciones de salud mental. Puede ser eficaz para tratar la ansiedad, la depresión y el miedo en algunas personas.

El método involucra a un terapeuta altamente capacitado que usa palabras, frases o técnicas terapéuticas para ayudar a una persona a entrar en un estado alterado de conciencia. La hipnosis puede implicar relajación guiada, diálogo interno, visualización o música.

La idea detrás de la hipnosis gira en torno a la alteración de las ondas cerebrales de una persona, lo que les permite aprovechar los recursos dentro de sí mismos que no pueden alcanzar cuando están completamente conscientes. La investigación muestra que el enfoque puede ayudar a algunas personas a controlar su ansiedad.

. . .

La ansiedad es una sensación de inquietud y miedo que puede hacer que alguien sude, se sienta tenso y experimente latidos cardíacos rápidos. Las personas con trastornos de ansiedad tienen una ansiedad que no desaparece. Interfiere con la vida diaria y deja a las personas sintiéndose abrumadas.

La hipnosis puede ayudar a las personas con ansiedad porque las lleva a un estado relajado y tranquilo. En un estudio de 2016, los científicos escanearon los cerebros de 57 personas sometidas a hipnosis. Encontraron cambios en las áreas del cerebro que permitieron un mayor control emocional y redujeron los sentimientos de timidez.

Una revisión de 2017 encontró que la hipnosis tiene un efecto significativo, inmediato y prolongado sobre la ansiedad en personas con cáncer. Fue especialmente beneficioso para aquellos con ansiedad relacionada con el procedimiento.

La hipnosis funciona mejor para reducir la ansiedad cuando se combina con otras intervenciones psicológicas, incluida la terapia cognitiva conductual (TCC) o la terapia de exposición. La hipnosis puede reducir el miedo que experimentan las personas. Las cualidades mensurables del miedo incluyen la presión arterial y la frecuencia cardíaca.

. . .

La técnica puede reducir la presión arterial facilitando la mente y el cuerpo en un estado relajado y tranquilo. Una vez que la hipnosis relaja el cuerpo de las personas con ansiedad, pueden redirigir su mente para que no se concentre en sus miedos.

La depresión es un trastorno del estado de ánimo grave que afecta la forma en que alguien piensa, siente y maneja las actividades diarias. Hay muchas formas de la condición, pero los síntomas comunes incluyen un estado de ánimo ansioso o triste persistente, irritabilidad, pérdida de interés y dificultad para concentrarse o dormir.

La hipnosis es un método eficaz para aliviar los síntomas de la depresión. Las personas con depresión mayor tienen una menor variabilidad de la frecuencia cardíaca (HRV por sus siglas en inglés), la variación en el tiempo entre latidos cardíacos consecutivos.

Según un estudio, una menor HRV aumenta significativamente la susceptibilidad a la hipnosis, lo que puede significar que la técnica podría tratar la depresión. Sin embargo, los investigadores utilizaron un tamaño de muestra muy pequeño, por lo que los científicos deben realizar más estudios para confirmar estos hallazgos.

. . .

Según un metanálisis de intervenciones hipnóticas, el uso de la hipnosis para la depresión es potencialmente tan eficaz como otras intervenciones psicológicas conocidas, como la TCC y la terapia interpersonal.

Además de la hipnosis, otras formas de terapia pueden ayudar a las personas con ansiedad y otras afecciones de salud mental. Estos tratamientos tienen un éxito variable entre las personas con ansiedad, depresión o miedo extremo.

La TCC es una forma de terapia de conversación. Utiliza psicoterapia estructurada en un número específico de sesiones y se enfoca en el presente en lugar del pasado. El enfoque ayuda a las personas a identificar qué es lo más importante para ellas y a trabajar para lograr estas metas, sin importar el obstáculo.

Como sugiere el nombre, el modelo cognitivo es la base de la TCC, lo que significa que la forma en que alguien ve una situación es más crítica que la situación misma. La TCC toma prestadas técnicas de muchas otras formas de psicoterapia, que incluyen terapia de aceptación y compromiso, terapia centrada en la compasión, terapia centrada en soluciones, consciencia, psicología positiva, entrevista motivacional y psicoterapia interpersonal.

. . .

La TCC puede beneficiar a las personas con ansiedad y trastornos depresivos. Sin embargo, puede ser más efectivo para algunos que para otros. Por ejemplo, la TCC funciona mejor que la medicación para el trastorno de pánico, pero ocurre lo contrario en las personas con trastorno de ansiedad social.

La terapia interpersonal (IPT) crea un vínculo entre el estado de ánimo de una persona y los eventos perturbadores de la vida que ha experimentado. La IPT a menudo puede ayudar a las personas a sobrellevar el trastorno depresivo mayor y puede ofrecer una alternativa a la medicación. También podría ayudar con los trastornos de ansiedad como la fobia social y el trastorno de estrés postraumático (TEPT).

La meditación es una forma de entrenamiento mental, que requiere que el individuo calme su mente. Permite a las personas aumentar los sentimientos de calma y relajación física, hacer frente a enfermedades, mejorar el equilibrio psicológico y mejorar su salud y bienestar en general.

Algunos enfoques de meditación incluyen entrenamiento basado en la atención plena, intervención basada en la atención plena, terapia cognitiva basada en la atención plena y reducción del estrés basada en este mismo tipo de atención.

. . .

La meditación es particularmente efectiva para la depresión y potencialmente más que otras terapias. En algunas circunstancias, este enfoque es tan efectivo como los medicamentos recetados. Sin embargo, para los trastornos de ansiedad, la meditación es solo moderadamente efectiva.

También funciona mejor para algunas formas de trastornos depresivos y de ansiedad. Por ejemplo, la reducción del estrés basada en la atención plena puede mejorar los síntomas de la depresión y el TEPT.

La terapia de exposición es un tratamiento psicológico que los médicos utilizan para ayudar a las personas a enfrentar sus miedos. A menudo, cuando alguien tiene miedo de algo, lo evita. La terapia de exposición funciona al romper el patrón de miedo y evitación al "exponer" a las personas a las cosas que evitan y temen en un entorno seguro.

Existen varias formas de terapia de exposición. Una de ellas implica la exposición en vivo, donde el individuo se enfrenta directamente a la situación, objeto o actividad temida en la vida real. La exposición imaginaria es otra variación, en la que un individuo imagina vívidamente la situación, el objeto o la actividad temidos.

La tecnología de realidad virtual también es una opción cuando la exposición en vivo no es posible, como para alguien con miedo a las alturas. La terapia de exposición ayuda con los trastornos de ansiedad, que incluyen fobias. trastorno de pánico, desorden de ansiedad social, desorden obsesivo compulsivo, TEPT y trastorno de ansiedad generalizada.

La hipnosis es una forma de aliviar la mente y el cuerpo en un estado relajado y tranquilo. Puede ayudar a algunas personas con síntomas de ansiedad, miedo y depresión. Sin embargo, las personas que experimentan trastornos de ansiedad pueden ver los mejores resultados al combinar la hipnosis y otras intervenciones psicológicas.

Las intervenciones que pueden ayudar con la ansiedad incluyen la TCC, la terapia interpersonal, la meditación y la terapia de exposición. La TCC, la terapia interpersonal y la meditación son potencialmente útiles para abordar formas de ansiedad y depresión, mientras que la terapia de exposición tiene como objetivo ayudar a las personas a enfrentar sus miedos y tratar la ansiedad.

Volvamos específicamente a la ansiedad. El término "ansiedad" se refiere a los trastornos psicológicos asociados con el miedo, el nerviosismo, el pánico y la preocupación. Todos experimentan sentimientos de ansiedad en algún momento de sus vidas, pero a algunas personas les resulta difícil controlar sus preocupaciones.

. . .

Estos trastornos de ansiedad afectan a más de 280 millones en todo el mundo cada año. La ansiedad es el síntoma principal en muchas condiciones, tales como el trastorno de ansiedad generalizada, el desorden obsesivo compulsivo, el desorden de ansiedad social, fobias, ataques de pánico y el trastorno de estrés postraumático.

El trastorno de ansiedad generalizada es el trastorno de ansiedad más común. Es una condición a largo plazo que hace que te preocupes por una amplia gama de problemas. Las personas con este tipo de ansiedad luchan por recordar la última vez que estuvieron relajadas.

Los síntomas del trastorno de ansiedad generalizada cambian el comportamiento de una persona y la forma en que piensa acerca de las cosas e incluyen una sensación continua de temor, dificultad para concentrarse, sentirse frecuentemente 'al límite' y agitación e inquietud.

Estos síntomas pueden hacer que una persona se retire del contacto social (p. ej., ver a familiares y amigos) para evitar sentimientos de incomodidad.

El trastorno de ansiedad generalizada también puede causar síntomas físicos, como temblores y sacudidas, dificultad para respirar, inquietud, dificultad para dormir y mareos y náuseas.

• • •

Si estás luchando contra la ansiedad, puedes aprender técnicas de autohipnosis para ayudar a aliviar los síntomas y lograr una sensación de calma. Una descripción general de la investigación de la hipnoterapia ha confirmado los beneficios de la hipnosis para los trastornos de ansiedad y otras afecciones relacionadas con el estrés.

La autohipnosis puede producir beneficios terapéuticos para la ansiedad al inducir la relajación y la concentración. La hipnoterapia puede ayudarnos a reducir las respuestas subconscientes automáticas y capacitarnos para controlar nuestras emociones.

La hipnosis puede ayudar con el trastorno de ansiedad generalizada y otros trastornos de ansiedad. También es beneficioso para las personas que sufren de ansiedad antes de someterse a tratamientos médicos, como una cirugía dental, quimioterapia, exploraciones médicas, procedimientos en quirófano y otras pruebas.

La hipnosis para la ansiedad no siempre necesita ser realizada por un hipnotizador profesional, y se pueden lograr beneficios similares solo usando la autohipnosis. La autohipnosis se puede realizar fácilmente en casa y es una práctica perfectamente segura. Tendrás el control todo el tiempo.

• • •

Encuentra un lugar cómodo

Empieza por ponerte físicamente cómodo/a, ya que esto te ayudará a relajarte. Siéntate en una silla cómoda, o acuéstate, aunque esto último puede llevarte a quedarte dormido/a.

Quítate o afloja cualquier ropa ajustada. Trata de darte una ventana de 20 a 30 minutos de práctica ininterrumpida.

Relájate y utiliza la inducción hipnótica

Ingresa a la hipnosis utilizando una técnica de relajación muscular progresiva (PMR). Ya sabes hacer esto: enfoca tu atención en aflojar la tensión en diferentes partes del cuerpo, una por una. Puedes comenzar con la parte superior de la cabeza y luego descender por la cara, el cuello, los hombros, los brazos, el pecho, la espalda y las piernas.

Imagina que la tensión se disuelve a medida que diriges tu atención a estas partes del cuerpo. Debe seguir una sensación de relajación y concentración, que es una parte esencial de la práctica de la hipnosis.

Introducir una sugestión hipnótica

En un estado relajado y concentrado, tu mente puede prestar atención a las sugestiones hipnóticas que te das a ti mismo/a para reducir los síntomas de ansiedad. Tus sugestiones hipnóticas deben ser declaraciones simples y directas.

. . .

Pueden ser afirmaciones positivas sobre cómo podrías reaccionar ante situaciones, cómo quieres pensar sobre ti mismo/a o cómo quieres sentirte. Incluso puedes usar visualización e imágenes para ayudar a fortalecer el estado hipnótico.

Algunos ejemplos de sugerencias para la ansiedad incluyen:

- "Estoy a salvo y seguro en mí mismo/a y el ambiente en el que me encuentro"
- "Me siento tranquilo/a, confiado/a y relajado/a"
- "Soy confiado/a y asertivo/a cuando hablo con los demás"
- "Me acepto por lo que soy"

Vuelve a tu estado normal de conciencia

Cuando estés listo/a, comienza a regresar a tu nivel normal de alerta para concluir la autohipnosis. Cuenta lentamente hasta cinco y repítete a ti mismo/a que te estás volviendo consciente de tu entorno. A la cuenta de cinco, abre los ojos y estira los brazos y las piernas.

. . .

También puedes utilizar estos consejos para que tus sugestiones sean poderosas y efectivas en el paso tres (introducir una sugestión hipnótica):

Dilo como si lo dijeras en serio, adopta un tono tranquilizador, positivo y confiado al decir tus afirmaciones. Expresa las frases suavemente, pero con convicción. Exprésalo de manera positiva y en tiempo presente, pues es más probable que nuestra mente responda favorablemente a las instrucciones positivas en lugar de las negativas, así que trata de decir 'estoy tranquilo/a' o 'estoy relajado/a' en lugar de decir, 'no estoy ansioso/a'.

Haz sugerencias específicas y realistas, realiza afirmaciones realistas que puedas lograr. Por ejemplo, decir 'mañana mantendré la calma durante todo el día' puede ser más beneficioso que decir 'nunca estaré ansioso/a'.

Una de las reglas más importantes en la autohipnosis es la repetición; esto te permite llevar a casa las sugerencias y es más probable que generes un cambio positivo. También puedes usar imágenes, visualiza la situación y siéntete asociado/a con tu sugerencia mientras la dices. Involucrar tus sentidos imaginarios del tacto, el oído y el olfato puede mejorar la eficacia de tu sesión de autohipnosis.

Tómate un tiempo para la hipnosis. En nuestras vidas ocupadas, puede ser fácil olvidarse de practicar la autohipnosis, así que puede ser útil reservar un tiempo todos los días para la autohipnosis e incluirlo en tu horario.

. . .

Sigue practicando. La hipnosis, como la meditación, es una habilidad que requiere práctica. Con la práctica, puede que te resulte más fácil entrar en un estado de hipnosis. También puedes notar que tus sugerencias tienen un mayor efecto en la reducción de los niveles de ansiedad.

Ten en cuenta tu objetivo, recuerda mantenerte enfocado/a en reducir la ansiedad mientras practicas la autohipnosis. Recuerda que el propósito de tus sesiones mantendrá tu práctica enfocada y productiva.

¿Cuáles son los beneficios de estar en el estado de ánimo "correcto" usando la autohipnosis? Cuando las personas están profundamente enfocadas, están en la cima de su poder personal: pueden desempeñarse mejor en desafíos deportivos, tolerar el dolor y manejar problemas psicológicos como la ansiedad.

La autohipnosis es esencialmente una práctica que puede ayudarte a desarrollar tu enfoque de una manera dirigida a objetivos, es por eso que puede ser una buena solución para objetivos de cambio de hábitos, como también dejar de fumar.

Para aquellos que quieren experimentar los beneficios de la hipnoterapia, pero quieren un poco de ayuda para comenzar, pueden buscar aplicaciones de hipnoterapia en el hogar. La hipnoterapia en el hogar puede brindarte la oportunidad de experimentar una sesión de hipnoterapia guiada con un profesional desde la comodidad de tu hogar, antes de intentar la autohipnosis tú mismo/a.

8

Alcanzar el éxito

A veces, tenemos bloqueos mentales que nos impiden avanzar hacia nuestras metas de vida. La hipnoterapia para el éxito puede ayudarte también a superar estos bloqueos y obtener el impulso que necesitas para lograr tus objetivos.

El Oxford English Dictionary define el éxito como el logro de un objetivo o propósito, pero la definición de éxito puede variar enormemente de persona a persona. Algunas personas pueden definir el éxito como fundar una startup rentable, mientras que otras lo definen como criar una familia feliz.

Otras personas pueden verlo como dejar un trabajo que no es adecuado para ellos, mientras que otros lo definen como superar una enfermedad difícil. La verdad es que todas estas personas tienen razón: el éxito tiene una cantidad infinita de definiciones.

. . .

Pero no importa cómo lo definas, el éxito requiere una mentalidad exitosa. Esto incluye cualidades tales como un alta autoestima y confianza en uno mismo (incluso ante el fracaso), voluntad de asumir riesgos, gratitud consistente, fuertes habilidades de enfoque, habilidad para manejar el estrés, pensamiento flexible y positividad.

Cuando tienes estas cualidades, seguramente tendrás éxito, sin importar lo que signifique el éxito para ti. Pero estos pueden ser rasgos difíciles de cultivar, especialmente cuando tienes bloqueos subconscientes que te impiden alcanzarlos.

Aquí es donde la hipnosis para el éxito puede ayudar. La hipnosis es un estado de conciencia similar al trance marcado por un enfoque profundo. Mientras estás en este estado concentrado, no estás dormido/a o inconsciente (aunque podrías parecerle así a un observador).

A través de diferentes tipos de hipnosis (como regresión, visualización y sugestión), estás facultado/a para encarnar el éxito al comprender cómo se ve y se siente para ti. También puedes aprovechar la programación subconsciente que guía tu comportamiento y abordar las causas fundamentales de los bloqueos mentales que te frenan.

. . .

La hipnosis te permite abrirte más a las sugerencias positivas.

Cuando estás hipnotizado y escuchas sugerencias positivas, puedes internalizarlas en un nivel subconsciente.

Esto es lo que hace que la hipnosis sea diferente (y, a menudo, más efectiva que) la terapia cognitiva conductual o decirse afirmaciones a uno mismo.

Es probable que la sensación de concentración profunda de la hipnosis te resulte familiar: probablemente hayas experimentado una sensación similar cuando estás muy concentrado/a en un proyecto apasionante. Tienes que consentir a la hipnosis para que funcione, y funciona mejor cuando tienes una mente abierta.

También puedes usar la hipnosis para cultivar cualidades positivas. De hecho, en los últimos años, los entrenadores de mentalidad han visto excelentes resultados al usar la hipnosis para ayudar a sus clientes a encontrar el éxito en los negocios, el comercio, el atletismo y más.

La hipnosis para el éxito funciona ayudándote a enfrentar los obstáculos que te impiden encontrar el éxito, como la baja autoestima o la incapacidad para concentrarte. Te ayuda a identificar y superar los bloqueos mentales que te impiden acceder a tus niveles más altos de rendimiento.

. . .

Esas creencias limitantes pueden incluir miedos al éxito, preocupaciones sobre las finanzas, miedos al fracaso, problemas con el auto-sabotaje o algo más. La hipnosis también puede ayudarte a reducir el estrés, dormir mejor, enfrentar tus miedos y pensar de manera más positiva, todo lo cual es fundamental para el éxito.

Se ha comprobado que la hipnosis ayuda a abordar algunos de los problemas que pueden conducir a la falta de éxito. Los estudios muestran que la hipnosis puede mejorar la autoestima, reducir el estrés y la ansiedad, y hacer cambios positivos generales en sus patrones de pensamiento. Muchas personas exitosas como Tiger Woods, Julia Roberts, Sir Winston Churchill e incluso Einstein han utilizado la hipnoterapia para lograr sus objetivos.

La hipnosis no es un hechizo mágico, y no puedes hipnotizarte para hacerte rico/a. Pero puedes usar la hipnosis para cultivar rasgos positivos y superar los obstáculos que te impiden tener éxito. Esto puede, a su vez, conducir a ganancias monetarias.

Uno de los obstáculos típicos para obtener ganancias financieras es el termostato de la riqueza, en el que inconscientemente te impides ganar más dinero. Puedes hacer esto debido a creencias subconscientes basadas en lo que ganan tus padres, tu percepción sobre la moralidad de las personas ricas o incluso tus complejos sobre un número determinado. La hipnosis puede ayudarte a llegar a la raíz de estas creencias y erradicarlas.

La hipnosis para el éxito funciona mejor cuando se usa junto con otros hábitos que promueven el éxito, como establecer metas y dar pequeños pasos para alcanzarlas todos los días.

Cuando cumples una pequeña promesa contigo mismo/a todos los días, desarrollas tu autoestima, que es fundamental tanto para lograr el éxito como para sentir que te lo mereces.

Cuidar bien de tu salud física y mental también es sumamente importante. Haz ejercicio con frecuencia, duerme de 7 a 9 horas cada noche y come comidas regulares y balanceadas para mantener tu salud. Un cuerpo sano conduce a un estado mental saludable.

Toma tiempo para reflexionar. Tómate el tiempo para evaluar qué es lo más importante para ti y encuentra formas de priorizar esas cosas. También puedes encargarte de cultivar buenos hábitos de organización, pues perder el rastro de tus pertenencias y tu tiempo puede ser uno de los mayores perjuicios para el éxito: puede obstaculizarte incluso si eres una persona motivada y talentosa. Puedes fomentar el éxito manteniéndote organizado/a tanto en tu trabajo como en tu vida personal.

No asumas más trabajo del que puedes manejar. Es importante ser honesto/a contigo mismo/a acerca de cuánto puedes lograr de manera realista en un día. Puedes delegar el resto o programarlo para una fecha posterior. Esto es tan esencial para tu bienestar como para tu éxito.

Haz una pausa para encontrar las lecciones en tu fracaso.

Todos nos equivocamos; es fundamental para tu confianza en ti mismo/a ver el fracaso como una oportunidad para aprender en lugar de una razón para castigarte a ti mismo/a.

Cultiva pensamientos positivos.

Piensa en positivo, deja de lado los pensamientos negativos y practica la gratitud si quieres alcanzar el éxito. También los comportamientos inútiles. Reduce tu tolerancia a los malos hábitos y la procrastinación, y toma medidas para limitar estos comportamientos.

. . .

Hay muchas técnicas de hipnosis para el éxito, como la sugestión, la regresión y la hipnosis de visualización. Hoy, echemos un vistazo a cómo funciona una sesión de hipnotismo basada en sugerencias.

Primero es necesario que identifiques tu objetivo. En esta primera fase de la hipnosis, identifica tu objetivo de éxito. Si estás trabajando directamente con un hipnoterapeuta, comunícale tu objetivo. Si estás utilizando una aplicación de hipnoterapia, selecciona una cartilla (una pista de hipnosis pregrabada) que corresponda con tu objetivo.

En la fase de inducción, eres guiado/a hacia un estado hipnótico. Tu hipnoterapeuta o aplicación te lleva a este estado con ejercicios de respiración, relajación muscular, visualización y técnicas de conteo. ¡Es una experiencia muy relajante!

Durante la fase de sugerencia de la hipnosis, tu hipnotizador o aplicación hace sugerencias positivas basadas en tus objetivos.

También pueden usar afirmaciones, visualizaciones y metáforas para ayudarte a encontrar una mentalidad diferente, visualizar tus objetivos y lograr el éxito.

En tu estado hipnótico, puedes interiorizar mejor estas

sugestiones. Y una vez que regresas a tu estado de vigilia, actúas sobre ellos.

Tu hipnotizador o aplicación te guiarán suavemente fuera de tu estado hipnótico mediante el conteo y otras indicaciones.

Una vez fuera, quedarás preparado/a y listo/a para abordar tus objetivos.

Las personas exitosas en todo tipo de profesiones, desde la patinadora de velocidad y medallista olímpica Brittany Bowe hasta Fedor Holz, el anterior jugador de póquer número 1 del mundo, han usado la hipnosis para encontrar el éxito. Así también, una gran cantidad de directores ejecutivos, actores, maestros de escuela y mamás de fútbol. Independientemente de cómo pases tus días, la hipnosis puede ayudarte a lograr lo que tú definas como éxito.

Con eso en mente, aquí hay un simple ejercicio de autohipnosis que puedes practicar para programarte para el éxito.

Suena demasiado bueno para ser verdad, pero puedes crear una sensación de relajación pacífica y calma a tu alrededor si lo deseas practicando este ejercicio con regularidad.

1. Siéntate en una silla cómoda con la espalda apoyada
2. Concentra tu atención sin esfuerzo en un punto frente a ti ligeramente por encima del nivel de los ojos
3. Despacio, toma tres respiraciones profundas
4. Al inhalar por tercera vez, sostén tu respiración durante tres segundos y cuenta hacia atrás: 3, 2, 1
5. Cierra los ojos, exhala, relájate y déjate llevar por un profundo, sonoro, hipnótico descanso
6. Cuenta lentamente del 10 al 1

Una vez que hayas terminado de contar, date algunas de las sugerencias positivas a continuación. Usa tantas como desees. Mézclalos a lo largo de la semana o concéntrate en uno y repítelo varias veces. Tal vez ya tienes una afirmación favorita que te repites todos los días, puedes incorporar eso en esta rutina.

- "Cada día, en todos los sentidos, estoy cada vez mejor"
- "Cada día, en todos los sentidos, estoy más y más saludable"
- "Estoy relajado/a"
- "Estoy tranquilo/a"
- "Tengo confianza y tengo recursos"
- "Traigo a mí las personas, lugares y situaciones necesarias para lograr mis objetivos"
- "Estoy a salvo y seguro/a"
- "Vivo mi vida con alegría y creatividad"

- "Soy paciente y tolerante conmigo mismo/a y con los demás"
- "El cambio es natural"
- "A medida que cambio, mi vida mejora en todos los sentidos"

Cuando hayas terminado de darte las sugerencias, cuenta lentamente hacia adelante del 1 al 5: saldrás sintiéndote renovado/a, relajado/a y listo/a para continuar con tu día de una manera enérgica y lograr tus objetivos.

9

Alcanzar el amor

En los primeros días de Freud, fue introducido a la hipnosis por Breuer, quien sintió que las personas en este estado místico especial podían recordar mejor los detalles de experiencias pasadas y, por lo tanto, ayudó a Freud a llegar al origen temprano del problema emocional.

Pero hubo algunas experiencias desconcertantes de los analistas, médicos y terapeutas. A veces, estos pacientes, en particular las mujeres, salían de su condición hipnótica y trataban de abrazar al terapeuta, como si estuvieran "enamorados" en ese momento.

O más, se sugirió que había factores sexuales involucrados en la relación, y la "transferencia" de una cualidad especial se estaba acumulando entre el terapeuta y el paciente que comenzaba a sentirse como ese paciente se sentiría con una persona con la que estaba profundamente involucrado de manera íntima.

Como Freud abandonó la hipnosis, porque no la encontró necesaria, las mismas relaciones se construyeron entre el paciente y el terapeuta.

Cuando te enamoras, dejas de lado muchas de tus barreras. Realmente no te detienes a analizar las tareas de mañana y lo que vas a hacer con ese problema nasal crónico, ni cómo harás tus tareas si vas a la escuela o al trabajo al siguiente día.

No, encuentras que la persona con la que estás está comenzando a tener una relación misteriosa y, sí, poco científica contigo, te llena el mundo. Después de todo, ¿el simple hecho de ser tocado/a despertaría sentimientos eróticos? No necesariamente, excepto que seguramente has pasado por este sentimiento cuando estás enamorado/a.

Para aplicar la hipnosis al amor, no se te dice que mires a los ojos del hipnotizador. No se te dice que te relajes y escuches palabras soñolientas. No estás viendo un disco giratorio. Hay otras herramientas que están ayudando a generar un estado de ánimo y cuerpo extremadamente romántico y no crítico: la tranquilidad de cenar con una iluminación tenue, el toque ocasional de dos vasos que pueden simbolizar inconscientemente algo que está haciendo clic entre ustedes.

· · ·

Incluso al otro lado de la mesa, el toque ocasional, mucho antes de que uno se haya ido a una sala de estar o dormitorio privado.

Porque esto comienza mucho antes de que las circunstancias externas hayan desaparecido por completo, después de que todas las personas puedan responder al poder de la sugestión en el escenario si el hipnotizador es inusualmente hábil, a pesar del ruido y las distracciones.

Hay algo que te acerca a tu compañero/a de manera cada vez más apasionada. Incluso puedes aprovechar otra forma de armonizar con tu pareja, bailando con ellos, especialmente con música romántica, el balanceo, el movimiento, el hecho de que los cuerpos estén sincronizados. Esto, junto con los pensamientos entre ustedes y las palabras, tienden a acercar magnéticamente a una persona.

Lo que es interesante es que, a diferencia de la hipnosis tradicional, ambos miembros de la pareja se hipnotizan, pero se ha dicho durante muchos, muchos años, "es un hipnotizador sabio que sabe quién está hipnotizando a quién"; y en mi opinión, en muchos casos el hipnotizador está tan influenciado hipnóticamente como el sujeto.

La clave es la sugerencia. Las personas aparentemente hipnotizadas están respondiendo al poder de la sugestión.

Realmente no están en trance, realmente no están dormidos. De hecho, no se encuentran en ninguna condición alterada especial, a pesar de lo que la mayoría de los hipnotizadores escénicos puedan sugerir, y mucho menos los médicos, psicólogos, etc., que proponen poner a las personas en trance y activar alguna psicoterapia.

No hay trance. Es el hecho de que bajo ciertas condiciones podemos estar tan convencidos de un conjunto de ideas que puede pasar por alto nuestro razonamiento. Las personas que se describen como hipnotizadas están respondiendo a ideas sin analizar la forma de que desaparezca su impacto.

Del mismo modo, ¿no es extraordinario que podamos ver una película de terror o leer una novela de Stephen King en una habitación cálida y se nos ponga la piel de gallina? ¿Alguna vez nos detenemos a pensar cuán notable es que la forma en que pensamos puede alterar incluso la superficie de nuestra piel?

Si viéramos la película y siguiéramos analizándola, pensando en los camarógrafos detrás de la cámara, la gente a un lado, la forma en que está estructurada la película, no nos envolveríamos en la historia, y el horror o el miedo no nos tocarían.

. . .

Nuevamente, cuando te estás enamorando, has bajado muchas de tus guardias, incluido tu pensamiento crítico. Por supuesto, puedes fortalecer el vínculo conscientemente, y no tratando de observar o interpretar algún lenguaje corporal en toda esta nueva y moderna trampa psicológica.

Debes percibir si van a desarrollarse un vínculo más profundamente entre ustedes dos, hablando el idioma de la persona, moviéndote como lo hace, usando algunas de las palabras clave que le gusta usar cuando se expresa.

No demasiado, pero de vez en cuando, ya que toca un mayor significado dentro de ellos si descubres que cuando los tocas, su expresión es cómoda. Y tienes la sensación de que están cómodos, entonces esa zona de contacto se puede repetir de vez en cuando.

Y si realmente te sientes completamente cómodo/a con este proceso, puedes recordar la música que se escuchó en la cena o en algún momento particularmente significativo y reutilizar esa música, reproducirla de nuevo. Después de todo, tiende a despertar algunos de esos mismos sentimientos, como una sugestión post-hipnótica.

Déjate llevar por la corriente, y ninguno de los dos lidera realmente al otro. Se guían uno al otro simultáneamente, hasta que realmente experimentan un verdadero romance, donde por los minutos y las horas el razonamiento y el análisis no son importantes. Pero si no te sientes así, o no te sientes como una pareja, solo te estás engañando a ti mismo/a.

No, no necesitas péndulos, relojes, discos giratorios o un ojo deslumbrante, pero a veces sí necesitas un punto focal hipnótico. En este caso, aprovecha lo que tenga un simbolismo romántico, algo en forma de corazón, una caja de dulces, un broche o un simple cuadro. Oh, sí, repito, hay una similitud gigantesca entre la hipnosis, la verdadera hipnosis, y el amor, el amor verdadero.

Ya sea que estés buscando una relación, te estés embarcando en algo nuevo o hayas estado con una pareja durante años, siempre hay espacio para mejorar y desarrollarse; el corazón humano tiene una capacidad infinita para el amor. Aquí hay algunos consejos para atraer y mejorar las relaciones antes de probar la hipnosis.

Deja ir el pasado. Todos tenemos experiencias pasadas que nos afectan; esto es una parte natural del comportamiento humano. Es difícil pasar a una nueva relación cuando estás concentrado/a en algo que sucedió anteriormente.

. . .

Sin excepción, todos han sido heridos en algún momento de sus vidas. Aprende de tu pasado, pero haz las paces con él, aceptándolo como parte de lo que eres y permitiéndote amar libre y plenamente de nuevo.

Es un hecho que nosotros como humanos, tendemos a atraer lo que proyectamos. Dondequiera que vayas, hazte el hábito de proyectar un sentimiento positivo de amor a todos los que pasan, sin discriminación. Proyectar amor de esta manera eleva tu energía vibratoria, haciéndote más abierto/a, positivo/a y atractivo/a para los demás.

Las personas responden bien a los elogios y tu amabilidad a menudo se verá reflejada en ti. Decir palabras amables no cuesta nada, pero puede alegrarle el día a alguien. Sé generoso/a con tus palabras y trata de encontrar lo positivo en cada persona y en cada situación. Esto puede tomar práctica, pero vale mucho la pena.

Sé amable contigo mismo/a de la misma manera, aprendiendo a aceptar cumplidos. Si alguien te dice algo agradable, es muy fácil ignorarlo o decir cosas negativas sobre ti. ¡Aprende a sonreír y decir gracias!

Sea cual sea el "estado" de tu relación, trata de abrirte a nuevas aventuras y concéntrate en disfrutar y divertirte. Es demasiado fácil en el mundo moderno quedar atrapados en las minucias de la vida y sentir que estamos demasiado ocupados para relajarnos, pero los cimientos de cualquier buena relación se basan en compartir, divertirse y reír. Esto no debería perder prioridad con el tiempo.

Los problemas de relación a menudo son causados por diferentes puntos de vista, porque los demás no están a la altura de nuestras expectativas o porque no estamos a la altura de las suyas. Obviamente, la comunicación es una forma importante de resolver disputas y diferencias de opinión. Esperar que la otra persona cambie o de repente vea las cosas a tu manera es poco probable, a menos que hagas un esfuerzo por comunicarte.

Prueba esta técnica de autohipnosis de relaciones armoniosas para mejorar tus relaciones y desarrollar más amor y compasión por los demás. Lee el siguiente guion unas cuantas veces antes de practicarlo.

Ve a una habitación tranquila donde no haya distracciones

Ya hemos discutido la importancia de estar en un lugar que te transmita paz y tranquilidad para lograr tener una práctica más efectiva.

. . .

Cierra los ojos y centra tu atención en tu respiración

Comienza a respirar lenta y profundamente hasta que te sientas relajado/a y centrado/a. Toma conciencia de tu corazón y conéctate con un sentimiento muy amoroso. Piensa en alguien a quien ames mucho e imagina que tu corazón está lleno de luz blanca pura, una luz blanca que resuena con amor incondicional.

Concéntrate

Siente esta luz blanca de amor creciendo en tu corazón. Imagina la luz blanca expandiéndose desde tu corazón para que comience a llenar todo tu cuerpo. Siente un fuerte sentido de amor y compasión por todas las cosas.

Ahora imagina la luz blanca expandiéndose, llenando todo tu cuerpo y esparciéndose por tu aura y aún más lejos. Haz que este profundo sentimiento de amor y compasión en tu corazón crezca más y más fuerte e imagina que la luz blanca se proyecta fuera y lejos de tu cuerpo en todas direcciones.

Visualiza tu luz blanca de amor incondicional llegando ahora y envolviendo a otros. Puede ser para personas que conoces o para personas con las que deseas mejorar las relaciones. O puede ser general.

Imagina la luz blanca que brota de tu corazón abrazando a otros, y siente un fuerte sentimiento de amor por estas personas. Siente una profunda compasión por sus luchas y problemas, viendo sus fallas y debilidades como manifestaciones de las dificultades en su vida. Conéctate con un poderoso sentimiento de amor y compasión por los demás mientras te encuentras en este estado de profunda relajación.

Crea tus afirmaciones o sugestiones

En este punto, también puedes crear algunas afirmaciones para agravar este sentimiento de amor y compasión. Expresa tus afirmaciones como una realidad ahora en tiempo presente.

Estos son algunos ejemplos, pero adáptalos y agrega los tuyos propios para satisfacer tus necesidades:

- Me encanta desarrollar relaciones positivas con la gente
- Estoy lleno/a de perdón y amor
- Doy y recibo amor fácilmente

Cuando expreses tus afirmaciones, dibuja las palabras dentro de ti y realmente cree que son una realidad. Pon sentimientos positivos de amor en cada frase y cree totalmente en lo que estás afirmando. Cuanto más creas en las frases, más fuertes se volverán.

. . .

Practica esta técnica de autohipnosis varias veces y repite las afirmaciones regularmente para obtener los mejores resultados.

Cuando estés listo/a para terminar, permite que tu mente se aclare y cuenta lentamente hacia arriba del uno al diez, y abre los ojos y regresa a la plena conciencia de vigilia.

10

Mejorar la autoestima

¿En qué áreas de tu vida te falta confianza? Muchas personas tienen al menos un área en la que podrían mejorar su confianza. Tal vez sepas que estás calificado/a para ese trabajo perfecto, pero cuando llega a la entrevista, sientes pánico o te congelas y pareces perder la capacidad de articular por qué el empleador debería elegirte.

Tal vez quieras encontrar una nueva relación romántica, pero las experiencias negativas pasadas con las relaciones te están frenando. Tal vez ha pasado un tiempo desde que has salido con alguien o has estado en una relación y necesitas aumentar tu confianza para estar listo/a para conocer a alguien nuevo. Si sientes que has tenido patrones poco saludables en relaciones pasadas, la hipnoterapia puede ayudarte a crear nuevas metas y creencias en torno a las relaciones íntimas.

. . .

Tal vez tengas el hábito de pensar negativamente sobre ti mismo/a o simplemente pensar negativamente en general y te gustaría cambiar las cosas. Puede ser fácil entrar en un ciclo negativo, siempre notando lo que está mal contigo mismo/a y con los demás.

Si eres alguien que siempre ve las cosas de esta manera, pero te gustaría sentirte más optimista y positivo/a, la hipnoterapia puede ayudarte. Cualquiera que sea tu problema con respecto a la confianza en ti mismo/a, la hipnoterapia para mejorar la confianza puede ayudarte a visualizar el yo que deseas que el resto del mundo vea.

Puede eliminar las barreras entre tú y el trabajo perfecto. Puede ayudarte a romper viejos patrones de relaciones dolorosas o fallidas, y a medida que conviertes los pensamientos negativos en pensamientos positivos, manifiestas una forma de vida completamente nueva.

Una de las causas de la baja autoestima que comienza muy temprano en la vida de algunas personas es la desaprobación de los padres o cuidadores. Si los padres son muy críticos y estrictos con el niño, esto puede generar el pensamiento de que no importa lo que hagan, no serán lo suficientemente buenos.

. . .

O en la misma línea, por muy buenos que sean, no se notará.

El trauma, ya sea abuso físico, sexual o emocional, puede ser la causa más evidente de baja autoestima.

Ser forzado a una posición física y emocional en contra de la voluntad puede hacer que sea muy difícil confiar en uno mismo o confiar en los demás, lo que afecta profundamente la autoestima. Las personas que sufren el trauma del abuso a menudo asumen la culpa del abuso, aunque no sea su culpa.

Muchas personas tienen prejuicios de pensamiento que contribuyen a la baja autoestima. Un ejemplo de un sesgo de pensamiento es que una persona se apresura a encontrar cualquier cosa que encaje con las ideas o creencias negativas sobre sí misma, y descarta cualquier cosa positiva que contradiga lo negativo.

Cuando una persona hace esto, en efecto, se enfoca en lo que hace mal e ignora lo que hace bien. Una persona con baja autoestima tiene una tendencia a ignorar o incluso rechazar los elogios que se le dan con la idea de que no es cierto y que alguien solo está tratando de ser amable al hacer el elogio.

. . .

Cuando una persona tiene baja autoestima, las creencias que tiene sobre quién cree que es en realidad serán principalmente negativas, y las creencias negativas se expresan de muchas maneras. Alguien con baja autoestima generalmente es autocrítico, se culpa a sí mismo y duda de sí mismo, y se enfoca en sus debilidades en lugar de sus fortalezas.

Estas creencias afectarán el comportamiento de una persona.

Es posible que eviten los desafíos y las oportunidades, se disculpen continuamente o les resulte difícil ser asertivos. Esta persona siente tristeza, culpa, vergüenza, frustración e ira.

Esto también se manifiesta de manera física causando enfermedades y sentimientos de fatiga y tensión.

Los síntomas de baja autoestima son depresión, desánimo, miedo y ansiedad (de cometer un error, ser rechazado, parecer tonto o inadecuado), hipersensibilidad, emociones mezcladas, distancia emocional, ataques de autoestima (similares pero diferentes a los ataques de pánico) y apariencia de timidez.

. . .

Las creencias negativas enumeradas anteriormente pueden influir en muchos aspectos de la vida. En el trabajo, una persona con baja autoestima puede tener un bajo rendimiento constante o, por el contrario, ser rigurosa en su perfeccionismo, impulsado por el miedo al fracaso.

En sus relaciones personales pueden sufrir de timidez extrema y ser muy sensibles a la crítica o a la desaprobación. Algunos intentarán tener siempre el control y otros siempre pondrán a los demás primero.

En su tiempo libre, pueden evitar cualquier actividad en la que exista el riesgo de ser juzgados, o pueden sentir que no merecen relajarse o disfrutar.

También pueden no cuidarse bien porque no descansan o duermen lo suficiente, no comer de manera saludable y no hacer ejercicio. También pueden beber en exceso o consumir drogas.

El efecto que tiene la baja autoestima en las personas depende del papel que desempeñe en sus vidas. A veces, la baja autoestima es un aspecto de los problemas actuales en la vida diaria. Si una persona sufre de depresión clínica, casi siempre se ve a sí misma de forma negativa.

. . .

Es importante saber si estás clínicamente deprimido/a, lo que puede deberse a la química y requiere medicamentos para corregirlo o si es una depresión situacional, lo que significa que simplemente te encuentras en un lugar bajo debido a las circunstancias de la vida y, con un poco de ayuda, puedes hacer cambios para volver a la normalidad.

La baja autoestima puede hacerte vulnerable a otros problemas. Estos problemas pueden incluir depresión, abuso de sustancias, trastornos alimentarios y ansiedad social. El uso de la hipnoterapia puede ayudar a reprogramar esa vieja forma de pensar y ayudar a elevar tu autoestima.

El uso de la hipnoterapia para aumentar la autoestima se realiza dándole a la persona un conjunto de nuevas declaraciones de diálogo interno. Nuestra mente subconsciente siempre recibe instrucciones de nuestros pensamientos.

Si una persona tiene un diálogo interno negativo, como "soy feo", "soy gordo", "soy estúpido", "tengo miedo", "no puedo conseguir un buen trabajo", "nunca encontraré a la pareja adecuada", entonces la mente subconsciente ayuda a brindar un resultado de la vida real para seguir esas órdenes exactas.

La buena noticia es que también funciona en la otra dirección. Si una persona está pensando principalmente en cosas buenas sobre sí misma, su mente subconsciente encuentra formas de demostrar que esas cosas son ciertas.

La mente subconsciente no diferencia entre positivo y negativo, feliz o triste; es simplemente seguir órdenes continuas dadas por la mente consciente o el intelecto. Usando la hipnoterapia para cambiar el patrón de pensamiento negativo, la mente subconsciente se puede reprogramar (creando nuevas vías neuronales) para creer en el diálogo interno positivo como "soy atractivo/a", "soy inteligente", "no tengo miedo", "voy a encontrar el trabajo perfecto", "¡tendré una gran relación con una gran persona!"

El diez por ciento de los estadounidenses sufre de depresión, con un aumento del veinte por ciento por año. Por lo general, la depresión puede estar relacionada con la falta de autoestima.

Esto se debe en parte a que vivimos en una sociedad muy competitiva y acelerada donde no se da prioridad a tomarse un tiempo para uno mismo para el autoexamen o el crecimiento personal.

Es más fácil ser como los demás nos quieren que ser nosotros mismos. Una forma muy efectiva de lidiar con el material subconsciente es la hipnosis. La mayoría de nosotros pensaría en actos de clubes nocturnos cuando hablamos de hipnosis.

Pero tú mismo/a puedes hacer esto de manera fácil y segura (autohipnosis) para eliminar creencias y comportamientos negativos y sustituirlos por otros positivos, para aumentar la autoestima.

La hipnosis es un estado elevado de receptividad, sugestionabilidad, capacidad de respuesta, apertura a pensamientos, sensaciones o acciones, en el que el resultado final es adquirir respuestas positivas automáticas.

Casi siempre estás en un estado hipnótico (trance, estado hipnagógico) pero se nota especialmente al dormirte y al despertar. Observa cuán efectivos son los comerciales de televisión y obtendrás una idea de cómo funciona la sugestionabilidad. O cómo los medios de comunicación en general influyen en el pensamiento y la acción del público.

Durante la hipnosis, tu cerebro cambia del estado normal de pensamiento/sensorio-motor de frecuencia beta (12-20 Hz), a la frecuencia alfa más baja (8-12 Hz), que es más relajada, consciente y expandida, donde la creatividad y la emanan las ideas: un estado de paz y bienestar. Este es el puente hacia los recuerdos olvidados hace mucho tiempo y el estado en el que tu mente subconsciente está abierta para aceptar una nueva programación.

Reconocerás este estado por cualquiera de las siguientes sensaciones corporales: hormigueo en las yemas de los dedos, entumecimiento o distorsión de las extremidades, ligera sensación de flotar lejos de tu cuerpo, pesadez (como si te hundieras), energía moviéndose a través del cuerpo, emociones intensificadas, párpados palpitantes, la salivación aumenta o disminuye, y cansancio (pero no te duermes).

Aquí hay un enfoque paso a paso para usar la hipnosis enfocada en mejorar tu autoestima:

Genera una meta/intención
Por ejemplo, un aspecto de cómo te gustaría que fuera tu vida, amándote a ti mismo/a y con un alto nivel de confianza en ti mismo/a.

Formula un enunciado con estas características
Simple y fácil de entender, se puede repetir en 5 segundos o menos y utiliza imágenes vívidas que siempre son positivas, creíbles y específicas. Una forma de hacerlo es reconocer una creencia limitante.

"Soy demasiado gordo/a y nadie me quiere": puedes examinar situaciones en las que esto parece ser cierto y con qué frecuencia. ¿Hay algún caso en el que esto no sea cierto? A continuación, convierte esto en una declaración positiva: "Me siento bien en mi cuerpo y la gente me quiere". Aférrate a esta declaración.

Sentado/a o acostado/a en una posición cómoda, respira suavemente
Desde tu vientre, cuenta hasta 7 durante la inhalación, sostén mientras cuentas hasta 2 y luego exhala mientras cuenta hasta 11. Sostén por 2 conteos, luego repite 3 veces. Encontrarás que esto se vuelve automático.

Profundiza visualizando la respiración viajando y relajando cada una de las 10 partes del cuerpo
Dedica unos 10 segundos a cada uno en el orden dado: comienza en la cabeza y luego continúa con el cuello, los hombros, los brazos, las manos, el pecho, el estómago, las nalgas, las piernas y los pies.

Ahora introduce tu objetivo
Dilo, visualízalo, experiméntalo como si realmente estuviera sucediendo.

Visualízalo como si ya hubieras alcanzado la meta
Presta especial atención a cualquier sentimiento. Si son negativos o limitantes, déjalos ir suavemente. Quédate con esto mientras te sientas cómodo/a.

· · ·

Siente gratitud

Pasa de 15 a 20 segundos o más concentrándote en sentirte agradecido/a por haber alcanzado tu objetivo positivo. Lo bien que esto funcione depende de qué tan real puedas hacer que tu declaración de intención parezca, estando presente como si la intención deseada estuviera sucediendo aquí y ahora.

Así es como los chamanes nativos americanos hacen llover. Después de ir a un lugar de alta energía y hacer los rituales apropiados para contactar al Gran Espíritu, pueden sentir la lluvia y dar gracias al Espíritu.

Recuerda que las emociones son el combustible que pone en acción al subconsciente. Ponte en contacto con ellas y tendrás éxito. En cualquier caso, debes volverte muy relajado/a y libre de tensiones y estrés. ¡Prueba esto!

11

Superar las fobias

Muchos de nosotros podemos identificarnos con tener miedo de algo o de lo otro. Tener miedo a las alturas, a los espacios cerrados, al agua, al fuego o a cualquier otra cosa es totalmente normal. No todos tenemos miedo a estas cosas, pero incluso si eres alguien con una fobia muy arraigada a cualquier cosa, no hay nada de lo que avergonzarse.

De hecho, si estás aquí, entonces es bueno ver que estás interesado/a en deshacerte de este miedo y seguir adelante con tu vida sin miedo. Pero, antes de profundizar en la cura, es crucial comprender por qué sentimos miedo de ciertas cosas.

¿Por qué algunos de nosotros tenemos mucho miedo a las alturas, el agua, el fuego o cualquier otra cosa? ¿Por qué algunos de nosotros somos extremadamente valientes, ya sea cualquier cosa, mientras que otros no son lo suficientemente valientes como para ni siquiera moverse solos en la oscuridad de la noche? ¿Por qué nos sentimos temerosos a veces?

Bueno, tener miedo es una respuesta natural y saludable que todos tenemos ante el peligro. Cualquier cosa que sintamos que puede dañarnos potencialmente o llevarnos a alguna situación insegura desencadena un miedo dentro de nosotros.

El miedo no es más que un instinto de supervivencia que tiene nuestro cerebro: está diseñado para ayudarnos a evitar y escapar de situaciones amenazantes. Sin embargo, por otro lado, existe algo conocido como fobia. No muchas personas diferencian realmente entre un miedo y una fobia, pero ambos son bastante diferentes cuando se ven desde una lente científica.

Para empezar, las fobias son comparativamente mucho más intensas que los miedos. La fobia no es algo con lo que puedas vivir cómodamente, es algo que puede provocarte ataques de pánico y ansiedad muy graves.

Por ejemplo, puedes tener miedo de salir solo/a en la oscuridad por la noche, pero lo haces de todos modos. Sin embargo, si tienes fobia al agua o la altura, no puedes imaginarte a ti mismo/a lidiando con eso. Las fobias están más arraigadas en nuestro cerebro y son capaces de perturbarnos de forma severa.

. . .

Puedes sentir que tienes fobia a algo si tienes un miedo exagerado o poco realista en torno a una determinada situación u objeto. Puede ser cualquier cosa, ya sea algo en tu vida diaria o algo con lo que no te encuentras tan a menudo.

Si tienes fobia a algo común en la vida cotidiana, la fobia puede restringir tu vida, impidiéndote hacer lo que quieres hacer y causándote mucha angustia. Incluso es posible que necesites buscar ayuda a veces para realizar ciertas tareas solo porque tienes demasiado miedo de hacerlo por tu cuenta.

Muchos miedos y fobias se asientan en el fondo de nuestra mente, sin que tengamos la menor idea de que están ahí. Estas fobias simplemente existen en nuestro subconsciente y son respuestas aprendidas.

Los asuntos del cerebro son complejos. A menudo es difícil entender por qué tu cerebro responde de cierta manera a algo.

Los miedos y las fobias rara vez tienen una causa única y bien definida. Puede haber muchos factores involucrados.

Y es absolutamente común que no tengas idea de por qué tu cerebro se comporta de esta manera frente a cierto estímulo, porque la mayoría de las veces, estas fobias están grabadas profundamente en tu cerebro subconsciente.

La fobia puede ser el resultado de un trauma o evento particular que sucedió hace mucho tiempo, tal vez cuando eras un/a niño/a (por ejemplo, si tuviste una mala experiencia con el agua cuando eras más joven, como resultado puedes desarrollar miedo al agua).

A veces, una fobia es una respuesta aprendida que tu cerebro recogió de otra persona (por ejemplo, si tu hermano tiene miedo a las alturas, es posible que hayas aprendido inconscientemente que esta es la respuesta apropiada y que se debe temer a las alturas).

A veces, no hay una razón detectable fija de por qué tu cerebro responde de cierta manera a ciertos estímulos. En tales casos, la genética puede ser un factor. Tal vez simplemente naciste así con una tendencia a la ansiedad.

Y, en algunos otros casos, la fobia puede atribuirse a algunas de tus condiciones de salud mental preexistentes, como depresión, ansiedad y estrés a largo plazo; todos estos también pueden contribuir al desarrollo de una fobia.

. . .

Sin embargo, no importa cuál sea la causa de tu fobia, debes saber que es algo que se puede tratar. Y esto no es algo que deba tener un impacto tan serio en tu vida, que obstaculice tu vida diaria y te impida seguir adelante.

Si sientes que tu fobia te está frenando o te está causando mucho estrés y tensión no deseados, debes buscar ayuda de inmediato. Entre las principales opciones de tratamiento para las fobias, la hipnoterapia es una herramienta útil.

La hipnoterapia es una técnica que en realidad puede ayudarte a desaprender la respuesta al miedo, aumentar tu exposición a la fobia y, con el tiempo, aliviar la ansiedad asociada.

Y todo esto, sin consumir ningún medicamento o sin cambiar mucho tu estilo de vida.

La hipnoterapia es una terapia que utiliza la hipnosis. Se usa comúnmente como parte de un plan de tratamiento para fobias y otros trastornos de ansiedad. A diferencia de las otras sesiones a las que asistes con un terapeuta, es una sesión de terapia en la que te sumerges profundamente en tu mente subconsciente y exploras lo que sucede dentro de ti.

Está ganando popularidad a lo largo de los años y se utiliza activamente en todo el campo de la medicina para el control del dolor, la pérdida de peso y una variedad de otras aplicaciones. Sin embargo, no hay que olvidar que esta técnica todavía está en ciernes y mucha gente incluso la considera controvertida, ya que muchos profesionales de la salud mental cuestionan su eficacia y muchos clientes tienen miedo de probarla.

Si deseas o no probar la hipnoterapia para tu fobia es una decisión totalmente personal que solo debe tomarse después de una discusión profunda con tu proveedor de atención de salud mental. No obstante, es importante comprender los hechos detrás de la exageración para tomar una decisión razonada. Y es crucial juzgar qué es exactamente y qué hace exactamente antes de descartarla o, en dado caso, incluso antes de apegarse a ella.

Antes de justificar por qué la hipnoterapia es un tratamiento adecuado para las fobias, es crucial ver que las fobias como la hipnoterapia funcionan en un nivel subconsciente.

Esto significa que sea lo que sea que te dé fobia o a lo que le tengas miedo, eso está sucediendo en un nivel subconsciente y tu cerebro, sin tu conocimiento o permiso, responde a esos estímulos de esa manera.

Esto también significa que no importa cuánto sigas diciéndote a ti mismo/a que esto no es malo para ti, tu cerebro aún responderá de esa manera y aún reaccionará con miedo, urgencia o ansiedad.

. . .

Por lo tanto, está justificado usar algo que funcione en el nivel subconsciente como la fobia misma, para tratarla. Cualquier cosa que no se conecte con tu mente subconsciente no será de mucho beneficio.

La hipnoterapia es una buena idea para tratar fobias y miedos porque se comunica con el subconsciente y cambia la forma en que te sientes y te comportas con respecto a tu fobia. Se trata de la fobia en la raíz misma y se intenta sacarla de ahí, para que no vuelva. Así, podemos decir que la hipnosis es una solución permanente para tus fobias, si te funciona bien.

Entonces, ¿cómo lo hacemos? ¿Qué sucede realmente durante la hipnosis? La hipnosis consiste en ponerte en un estado hipnótico muy relajado. La hipnosis se trata de conocer tu ser interior y conectarte mejor con tu mente subconsciente y comprenderte mejor a ti mismo/a.

La hipnosis puede ser una excelente opción si no estás seguro/a de dónde proviene exactamente el miedo o la fobia. Si no tienes idea de dónde vino tu fobia, la hipnosis te hará pasar un tiempo para llegar a la raíz de la fobia y recordar el evento exacto que la desencadenó (si hubo uno).

La hipnosis se trata de estar en un estado de calma y encontrarte contigo mismo/a. Es una oportunidad para aprender más sobre ti mismo/a y descubrir dónde se origina exactamente la ansiedad.

Finalmente, ¿por qué la hipnoterapia de todas? Bueno, es porque la hipnoterapia te envía a un estado de calma donde no hay distracciones. Eres solo tú y tu ser interior: comunicándote y descubriendo lo no descubierto. ¡Tu mente consciente está tranquila y solo habla tu mente subconsciente!

Y no solo eso, algunos hipnoterapeutas incluso te brindan algunas sugerencias adicionales agradables para cambios de comportamiento que luego pueden ayudarte a conquistar tu fobia. Es posible que te enseñen ciertas habilidades de afrontamiento cognitivo-conductuales, como las imágenes guiadas y la técnica del alto, que puedes usar más tarde mientras te enfrentas a la fobia por tu cuenta.

Y sí, siempre puedes hablar con el hipnoterapeuta sobre la primera vez que experimentaste la fobia y cómo te sentiste en ese momento.

¡Entonces sí! La hipnosis puede ser una muy buena manera de lidiar con tus fobias y tiene muchos beneficios adicionales con los que una sesión de terapia normal no puede ayudarte.

. . .

Siempre puedes hablar durante una sesión de terapia regular, pero durante una situación de hipnosis, haces mucho más que hablar: ¡exploras, descubres y te encuentras a ti mismo/a! En mi experiencia como hipnoterapeuta, descubrí que comprender el origen de una fobia realmente puede ayudar a los clientes a superarla.

A veces, las fobias están muy arraigadas, pero con enfoque y determinación, es posible revertir su impacto y ¡vivir sin fobias!

Una fobia es una condición debilitante que puede hacer la vida muy difícil. Desde alturas, espacios cerrados o aguas profundas, hasta arañas, peces o perros, las fobias son miedos intensos que a menudo son irracionales, pero esto no disminuye lo molestos que pueden ser.

La víctima puede ser consciente de que cierta araña no le hará daño, o que la imagen de una serpiente no es peligrosa, pero el miedo sigue siendo intenso. Si tienes un miedo irracional, o un miedo que afecta a tu día a día, es probable que tengas una fobia.

La mayoría de las personas tienen una fobia o un miedo intenso de algún tipo.

. . .

Como humanos, instintivamente tememos cualquier cosa que pueda dañarnos, ¡así que nunca te sientas avergonzado/a por ello!

La mayoría de las fobias son un patrón de comportamiento aprendido, lo que significa que en algún momento del pasado te enseñaron a temer algo. Es posible que tú mismo/a hayas experimentado el miedo o que hayas presenciado el pánico de otra persona; una situación aterradora que podría influir en tus propios sentimientos. Lo maravilloso de los comportamientos aprendidos, es que podemos volver a entrenar nuestro cerebro y desaprenderlos.

Cuando se sufre de fobia, puede ser muy útil identificar el 'evento de siembra'. Un evento de siembra es la causa raíz de cualquier miedo. Cuando este miedo se manifiesta en un momento posterior a través de un desencadenante particular, esto se conoce como un "evento secundario".

La razón por la que un evento negativo en tu pasado puede hacer que entres en pánico años después es que tu cerebro almacena el recuerdo del evento, así como las emociones de miedo relacionadas con él.

Entonces, cuando un evento secundario desencadena el recuerdo, las emociones negativas asociadas también salen a la superficie, lo que resulta en una reacción fóbica. Es importante recordar que cuando almacenamos recuerdos, también almacenamos emociones conectadas.

A veces las personas tienen ataques de pánico y no entienden qué los causa. Sin embargo, suele haber una razón sencilla y la mayoría de las fobias se pueden superar con un análisis bajo autohipnosis.

Con la mayoría de las fobias, la hipnoterapia funciona bien, llegando a la causa raíz y realizando cambios a nivel central. Utiliza esta técnica de autohipnosis para liberar tu fobia.

Comienzo tranquilo
Ve a una habitación tranquila donde no haya distracciones. Siéntate o acuéstate, cierra los ojos y concéntrate en tu respiración.

Relajación
Comienza a inhalar lenta y profundamente por la nariz y exhala por la boca. Respira cualquier tensión en tu cuerpo con cada exhalación lenta y permítete relajarte. Continúa con este patrón de respiración hasta que tu mente se calme y se aquiete.

Visualiza

Cuando te sientas relajado/a, imagina que estás mirando una pantalla grande, en la que hay imágenes en movimiento que muestran un momento en tu pasado cuando ocurrió el incidente de siembra. Mientras miras, puedes ver claramente la secuencia de eventos en la raíz de tu fobia.

Es posible que te sientas ansioso/a al ver este evento: solo asegúrate de que lo estás viendo desde un lugar seguro.

Deja que tu mente te guíe y siéntete en control. Afirma que te sientes seguro/a y protegido/a mientras miras las imágenes.

Mientras recorres las imágenes de tu evento de siembra, respira muy lenta y profundamente, y con cada exhalación lenta, elimina los sentimientos negativos. Si lloras en este punto, está bien; afirma en tu mente que estás liberando el miedo.

Siente la liberación

Tómate todo el tiempo que necesites para hacer el paso anterior y sigue respirando lenta y profundamente. A lo largo de todo el proceso intenta observar, siéntete relajado/a, seguro/a y en control.

Si nada te llega de inmediato o no puedes visualizar el evento de siembra, recuerda la primera vez que sentiste el miedo y cómo te hizo sentir, luego respira ese sentimiento. Mientras se ve en la pantalla en el momento en que comenzó tu fobia, comprenderás el motivo, pero comienza a dejarlo ir. Imagina que estás liberando la causa del problema haciendo una bola con las imágenes y tirándolas.

Deja ir
Cuando sientas que el miedo ha desaparecido, imagina que la imagen en la pantalla se vuelve en blanco y negro. Observa cómo la imagen se desvanece gradualmente y se vuelve más pálida hasta que la pantalla se queda en blanco. Ahora te sientes muy separado/a de la causa del problema, como si ya no fuera parte de ti, solo un recuerdo que se desvanece.

Cuando estés listo/a, puedes regresar a la plena conciencia de vigilia contando hasta diez. Mientras lo haces, imagínate cada vez más despierto/a con cada número, y a las diez abre los ojos. Haciendo esto, es importante afirmar que cada parte de ti está de regreso en el presente, mientras que el problema subyacente que estaba causando tu fobia se ha ido para siempre y ya no es parte de ti.

Para la gran mayoría de las personas, liberar un patrón de comportamiento fóbico a través de la autohipnosis será una experiencia positiva. Incluso podría resultar en una liberación emocional llena de lágrimas, lo que en mi experiencia es algo bueno, pues a menudo es una indicación de que estás liberando emociones bloqueadas.

Entonces, si lloras durante o después de usar la técnica, no te alarmes, generalmente es una señal de que las cosas han cambiado, abriendo el camino para superar la fobia.

Conclusión

La hipnosis es una herramienta terapéutica seria que puede ayudar a las personas a superar muchos problemas psicológicos, emocionales e incluso físicos. Ahora sabes que no es control mental, lavado de cerebro, sueño, inconsciencia o un estado peculiar, alterado o místico. Cuando está en hipnosis, una persona está consciente, en control y puede salir de la hipnosis cuando lo desee. Es un estado natural e inocuo.

La autohipnosis puede modificar el comportamiento, las emociones y las actitudes. Se puede utilizar para aumentar la confianza y desarrollar nuevas habilidades. Puede ayudar a reducir el estrés y la ansiedad, e incluso puede ayudar a las personas a superar hábitos como fumar y comer en exceso.

Los deportistas también utilizan la autohipnosis para mejorar su rendimiento deportivo. Sin embargo, si experimentas algún problema médico o psicológico, es esencial buscar el consejo de un médico o terapeuta competente antes de utilizar la autohipnosis.

Conclusión

Además, una gran ventaja de esta bella técnica terapéutica es que cuando practicas la autohipnosis, las imágenes que usas y las sugerencias que te das a ti mismo están limitadas únicamente por tu imaginación.

Evita comer una comida copiosa justo antes de practicar la autohipnosis para que no te sientas hinchado/a o incómodo/a. A menos que desees quedarte dormido/a, siéntate en una silla, ya que acostarte en una cama probablemente inducirá el sueño. También puedes aflojarte la ropa ajustada y quitarte los zapatos. Si usas lentes de contacto, es recomendable quitártelos. Mantén las piernas y los pies sin cruzar.

Recuerda, fallar en alcanzar una meta no significa que seas un fracaso. Puede ser que necesites acercarte a la meta de una manera diferente o tal vez necesites ser persistente. Así que practica la autohipnosis de forma regular. Relájate y tómate tu tiempo. Acepta el ritmo al que vas consiguiendo resultados, por pequeños que parezcan al principio. Cree en ti mismo/a y llegarás a alcanzar el éxito que deseas.

Cuando buscas alcanzar metas, liberar patrones negativos o reforzar la positividad, tu mente inconsciente puede ser un aliado. Practicar los fundamentos de la autohipnosis es una forma de obtener una mejor comprensión de este mundo en el que te encuentras dentro.

Referencias

Lemig, C. 2020. "Hypnosis For Stress: How It Works, Examples, & Effectiveness" en *Choosing Therapy*, recuperado de https://www.choosingtherapy.com/hypnosis-for-stress/

Garone, S. 2018. "This self-hypnosis technique will bring you instant calm" en *Healthline*, recuperado de https://www.healthline.com/health/mental-health/self-hypnosis-for-anxiety

Cohen, M. 2011. "How to use self-hypnosis to achieve your goals" en *Michael Cohen's Therapy Service*, recuperado de https://www.hypnosisandhealing.co.uk/self-help-centre/how-to-use-self-hypnosis-to-achieve-your-goals/

Alban, D. 2021. "The power of self-hypnosis to improve your mind" en *Be Brain Fit*, recuperado de https://bebrainfit.com/self-hypnosis/

Holland, K. 2018. "Is hypnosis real? And 16 other questions, answered" en *Healthline*, recuperado de https://www.healthline.com/health/is-hypnosis-real

N/A. 2019. "6 surprising health benefits of hypnosis" en *PennMedicine*, recuperado de https://www.pennmedicine.

org/updates/blogs/health-and-wellness/2019/january/hypnosis

Raypole, C. 2021. "Yes, self-hypnosis can really work – here's how to give it a try" en *Healthline*, recuperado de https://www.healthline.com/health/mental-health/self-hypnosis

St. John, B. 2022. "The 3 steps for self-hypnosis success" en *Selfhypnosis*, recuperado de https://www.selfhypnosis.com/self-hypnosis-success/

Suni, E. 2022. "Sleep hypnosis" en *Sleep Foundation*, recuperado de https://www.sleepfoundation.org/sleep-hypnosis

Harley, J. 2020. "Self-hypnosis for sleep: what is it and how to do it" en *Mindset Health*, recuperado de https://www.mindsethealth.com/matter/hypnosis-for-sleep

Stanborough, R.J. 2021. "Self-hypnosis for weight loss: can it help?" en *Healthline*, recuperado de https://www.healthline.com/health/weight-loss/self-hypnosis-for-weight-loss#bottom-line

Fain, J. s/f. "10 Ways Hypnosis Can Help You Lose Weight—For Good" en *Oprah*, recuperado de https://www.oprah.com/health/hypnosis-for-weight-loss-can-hypnosis-help-you-lose-weight/all

Smith, J. 2020. "Stop Smoking Hypnosis: How Hypnosis Could Help You Quit Cigarettes for Good" en *Mindset Health*, recuperado de https://www.mindsethealth.com/matter/stop-smoking-hypnosis

N.A. 2020. "Trying to quit smoking? Here's how self-hypnosis could help" en *The Irish News*, recuperado de https://www.irishnews.com/lifestyle/2020/01/23/news/trying-to-quit-smoking-here-s-how-self-hypnosis-could-help-

Referencias

1812721/#:~:text=%22Sit%20or%20lie%20down%20and,you've%20cleared%20your%20mind

Scott, E. 2020. "How self-hypnosis can help you manage stress" en *VeryWell Mind*, recuperado https://www.verywellmind.com/using-self-hypnosis-for-stress-management-3145203

Leming, C. 2020. "Hypnosis For Stress: How It Works, Examples, & Effectiveness" en *Choosing therapy*, recuperado de https://www.choosingtherapy.com/hypnosis-for-stress/

Sherell, Z. 2021. "Does hypnosis work for anxiety, depression, and fear?" en *Medical News Today*, recuperado de https://www.medicalnewstoday.com/articles/hypnosis-for-anxiety

Harley, J. 2020. "Self-Hypnosis for Anxiety: How to Use Hypnosis to Reduce Anxiety" en *Mindset health*, recuperado de https://www.mindsethealth.com/matter/self-hypnosis-anxiety

N/D. "SUCCESS HYPNOTHERAPY: USING HYPNOSIS TO AID YOUR SUCCESS" en *Primed Mind*, recuperado de https://primedmind.com/hypnosis-for-success/

Salerno, M. 2016, "Self-hypnosis can program your mind for success" en *Poughkeepsie Journal*, recuperado de https://www.poughkeepsiejournal.com/story/life/wellness/living-being/2016/05/27/living-hypnosis/84203732/

Harrold, G. 2015. "Attract love with self-hypnosis" en *Glenn Harrold*, recuperado de https://www.glennharrold.com/blog/attract-love/

N/A. 2017. "Love and hypnosis" en *Huffpost*, recuperado de https://www.huffpost.com/entry/love-and-hypnosis_b_458261

Referencias

Karp, D. s/f. "7-Step Self-Hypnosis to Boost Self-Esteem" en *Lifehack*, recuperado de https://www.lifehack.org/275542/7-step-self-hypnosis-boost-self-esteem-2

N/D. "Hypnosis for Self-Confidence and Self-Esteem" en *A time for change*", recuperado de https://www.atfchypnotherapy.com/services/hypnosis-self-confidence-esteem/#:~:text=Using%20hypnotherapy%20can%20help%20to,taking%20instruction%20from%20our%20thoughts

N/A. 2020. "Does hypnotherapy work for phobias?" en *Act now hypnosis*, recuperado de https://actnowhypnosis.com.au/does-hypnotherapy-work-for-phobias/

Harrold, G. 2016. "Overcome fears and phobias with hypnosis" en *Glenn Harrold*, recuperado de https://www.glennharrold.com/blog/ovecome-phobias-with-hypnosis/

www.ingramcontent.com/pod-product-compliance
Lightning Source LLC
LaVergne TN
LVHW021717060526
838200LV00050B/2710